GMRC INTERNATIONAL INSTITUTE FOR GOVERNANCE, MANAGEMENT, RISK & COMPLIANCE

Scherer / Fruth (Hrsg.)

Handbuch:

Einführung in ein

Integriertes Compliance-Managementsystem mit GRC

- ISO 19600 (2014) (Compliance)
- IDW PS 980 (2011) (Compliance)
- Universal-Standard Compliance-Managementsystem (www.gmrc.de)
- ISO 9001 (2015) (QM)

zielführend anwenden!

1. Auflage 2018

Herausgeber:

Prof. Dr. jur. Josef Scherer
Richter am Landgericht a.D.
Rechtsanwalt
Professor für Unternehmensrecht (Compliance), Risiko- und Krisenmanagement, Sanierungs- und Insolvenzrecht
Leiter des Internationalen Instituts für Governance, Management, Risk & Compliance der Technischen Hochschule Deggendorf

Klaus Fruth
Richter am Amtsgericht
Lehrbeauftragter an der Technischen Hochschule Deggendorf

Impressum:

Handbuch:
Einführung in ein Integriertes Compliance-Managementsystem mit GRC

- ISO 19600 (2014) (Compliance)
- IDW PS 980 (2011) (Compliance)
- Universal-Standard Compliance-Managementsystem (www.gmrc.de)
- ISO 9001 (2015) (QM)

zielführend anwenden!

1. Auflage 2018

Herausgeber:

Prof. Dr. Josef Scherer
Internationales Institut für Governance, Management, Risk
und Compliance der Technischen Hochschule Deggendorf (THD)

Klaus Fruth
Frischecker Str. 12, 94065 Waldkirchen

Deggendorf 2018

GMRC-Verlag-GbR
Verlag für Governance, Management, Risk & Compliance
Prof. Dr. Josef Scherer und RiAG Klaus Fruth
Frischecker Str. 12, 94065 Waldkirchen

ISBN: 978-3-947301-03-4

Bibliografische Information der Deutschen Nationalbibliothek:

Die Deutsche Nationalbibliothek verzeichnet diese Publikation in der Deutschen Nationalbibliografie; detaillierte bibliografische Daten sind im Internet über http://dnb.d-nb.de abrufbar.

Wichtiger Hinweis:

Diesem „Einführungs-Handbuch“ liegt das vertiefende Werk „*Scherer/Fruth* (Hrsg.), Integriertes Compliance-Managementsystem mit GRC“, 2. Auflage, 2017, als e-Book bei.

Dieses können Sie kostenlos unter http://gmrc-verlag.de/download-e-books downloaden unter Angabe des Codes:

jcj22q6F2wq4

Der Text des Universal-Standards Compliance-Managementsystem findet sich in deutscher Sprache kursiv gedruckt und eingerahmt:

Beispiel:

Die Ausgestaltung des Compliance-Managementsystems als eigenständiges System ist möglich. Dieser Standard/dieses Werk stellt jedoch wahlweise einen neuen Ansatz eines integrierbaren („GRC“) Compliance-Managementsystems dar. Dies erwies sich in Theorie und Praxis als schlüssig und geeignet, die vielen Unternehmensfunktionen, wie Governance, Qualitäts-, Risiko-, Compliancemanagement, Internes Steuerungs- und Überwachungssystem, Revision, etc., zu vernetzen, dadurch Redundanzen und Insellösungen zu vermeiden und erhebliche Synergien zu gewinnen. [...]

*Daher wird mithilfe des vorliegenden „Universal“-Standards Compliancemanagement (**zum Download auf** **www.gmrc.de**) versucht, aufzuzeigen, dass die meisten Standardwerke auf einem „gemeinsamen Nenner“ beruhen, wenngleich sie auch in Aufbau oder Formulierungen differieren mögen. [...]*

Die Beachtung der Ausführungen in diesem Handbuch hilft, für Audits / Revision / Abschlussprüfung oder Zertifizierung der angesprochenen Bereiche vorbereitet zu sein.

Vorwort

Manager*ent*haftung, Transparenz, Wertbeiträge, Zielerreichung, digitale Transformation, Nachhaltigkeit: trotz menschlicher Schwächen mancher Manager und Mitarbeiter?

Human Workflow-Management-Prozesse und Integriertes GRC-Managementsystem im Lichte aktueller Rechtsprechung des *Bundesgerichtshofs* als „eierlegende Wollmilchsau"!

1. Was haben Compliance-Berufsbilder gemeinsam?

Meine ehemaligen Berufe als **Staatsanwalt** und **Richter** und meine jetzigen beruflichen Tätigkeiten als **Rechtsanwalt** in Wirtschafts- (Straf-)Sachen, **Compliance-Ombudsmann**, externer **Compliance-Officer** oder **Berater** im Bereich Governance, Risk und Compliance (**GRC**) haben mehrere **gemeinsame Nenner**:

Alle Funktionen kümmern sich *prophylaktisch* um pflichtgemäßes Verhalten von Unternehmen, Manager und Mitarbeiter oder *reaktiv* um Compliance-Verstöße.

Aus gutem Grund: Die „gefühlte" **Verschärfung von Haftungs- und Sanktionsgefahren** für Vorstände, Geschäftsführer, Aufsichtsräte und sogar Gesellschafter mit dem Vorwurf, pflichtwidrig gehandelt zu haben, ist objektiv messbar:

Im 10-Jahreszeitraum 1986-1995 gab es genauso viele Urteile zur Managerhaftung wie in den letzten 100 Jahren zuvor.

Bayer[1] statuiert, der GmbH-Geschäftsführer sehe sich tatsächlich immens existenzbedrohender persönlicher Risiken ausgesetzt und hafte – faktisch – sogar viel schärfer als ein Vorstand, weil Geschäftsführer in Mittelstandsunternehmen nicht über „*vergleichbare Qualität an sachverständiger Beratung und Hilfestellung verfügen, die heute zur Abwehr rechtlich relevanter Sorgfaltsverstöße notwendig ist.*

Den Anforderungen, die heute an einen Geschäftsführer gestellt werden, lässt sich in der Praxis kaum gerecht werden".

Sogar der im Großen und Ganzen pflichtbewusst Agierende sehe sich nicht nur mit zivilrechtlichen Risiken, sondern auch der Gefahr der Strafbarkeit immer häufiger bedroht.[2]

[1] Vgl. *Bayer*, Die Innenhaftung des GmbH-Geschäftsführers, GmbHR 2014, S. 897 ff.
[2] Vgl. auch *Scherer/Fruth* (Hrsg.), Governance-Management, Band 1, 2014, Kap. 1.3.

Für die nachfolgenden 10-Jahreszeiträume 1996-2005 und 2006-2015 wurde eine nochmalige Verdoppelung gemessen bzw. geschätzt!

Daraus erwächst auch das gemeinsame **Bedürfnis** der Betroffenen **nach passenden Tools**, die Management und Mitarbeiter zugleich unterstützen, ihre Aufgaben rechtssicher zu erfüllen: **Prozesse, die auch die Wirksamkeit (das „Gelebt werden") von Compliance sicherstellen.**

2. Unternehmen, Manager und Mitarbeiter stoßen auf neue Herausforderungen bei ihrer täglichen Arbeit

Häufig wird der **Unternehmensalltag** noch durch E-Mails, Excel-Tabellen und mit MS-Office bestritten. Die Prozesse sind oft nicht dokumentiert oder nicht aktuell, beziehungsweise nicht nachverfolgbar.

Bei **Prozessanpassungen** müssen teure IT Spezialisten erst mal die Zeit finden, um die Unternehmen zu unterstützen. E-Mails werden nach Gießkannenprinzip an alle verteilt, so dass jeder in einer E-Mail Flut versinkt. Sofern Prozesse existieren, sind diese nicht ausreichend mit Governance-, Risk-, oder Compliance-Komponenten angereichert.

Außerdem: Es gibt derzeit **nahezu für jedes (Prozess-)Themenfeld eines Unternehmens** (Strategie und Planung, Personal, Risk, Compliance, Einkauf, Leistungserstellung und Vertrieb, IT, Qualitätsmanagement, Internes Kontrollsystem, etc.) **Standards von ISO / DIN / COSO / IDW / DIIR / etc.**

Für Compliance sind derzeit ISO 19600, ISO 37001, IDW PS 980, COSO I und der Universal-Standard „Compliance-Managementsystem" (www.gmrc.de) geläufig.

Diese sehen überwiegend – mit Ausnahme des „Universal-Standards" – Insel-Systeme vor. Von Insel-Systemen „profitieren" jedoch nicht alle: Insbesondere für Geschäftsleitung und Mitarbeiter bedeuten viele parallele „Insel-Welten" eine nicht lebbare (wirksame) und teuere Bürokratie.

Es stellt sich demnach wieder mal die Frage „cui bono?" Wer ist der Nutznießer dieser **Normen- und Systeminseln-(Sint-)Flut?**

Ein Unternehmen, das nach und nach das eine oder andere System einführt, produziert damit fast unweigerlich Insellösungen, die nicht gelebt werden und deren Daten (sofern überhaupt eingepflegt) aufgrund fehlender Homogenität u.a.

den *„Segnungen“* der digitalen Datenanalyse (oder auch für „predictive analytics“) nicht zur Verfügung stehen.

Derzeit suchen die Unternehmen nach einer verbindenden Klammer um die zahlreichen Unternehmensinseln.

Insofern ist ein Gesamtkonzept für die **unternehmensweite IT-Infrastruktur** zu schaffen, das diverse Systeme oder Insellösungen vermeidet, sodass durch konsequente „Fütterung“ und Pflege des Systems und einfache Handhabbarkeit für alle Mitarbeiter übersichtliche und nachvollziehbare Prozesse entstehen.[3]

Ideal wäre es dabei natürlich, wenn die Abteilungen im Unternehmen ganz ohne teure IT- Spezialisten ihre **Prozesse** in *einem* einzigen integrierten Managementsystem jederzeit **selbst aktualisieren** könnten. Die Prozesse würden nicht nur dokumentiert, sondern so ausgestaltet, so dass - ähnlich wie bei einer Bestellung bei Amazon, nur unter wesentlich stärkerer Einbindung von Schnittstellen zu den agierenden Mitarbeitern (*Human* (!) workflows) - die Mitarbeiter - **geführt durch einen Human-Workflow - das Richtige richtig machen** müssten.

E-Mails würden nur an die an die tatsächlich zuständigen Adressaten verteilt und alle Informationen, auch Compliance-Regelungen in Richtlinien, würden bei den jeweiligen Prozessschritten bereitgestellt.

Automatisch würde auch die Dokumentation und Auswertung der Erfüllung von Compliance-Anforderungen oder auch von Prozessdurchlaufzeiten erfolgen.

Gleichzeitig wird das **Erfolgswissen der Mitarbeiter in die Prozesse** gespiegelt und eine **„prozessorientierte Wissensbilanz“** erstellt.

Mit Workflow-Management würde der Mensch und Mitarbeiter durch den Prozess geführt und damit zur
Zeit-, Rechts- und Systemtreue angehalten. Dadurch könnten auch viele Probleme vermieden werden, die durch die **Fehleranfälligkeit menschlichen Denkens, Entscheidens und Handelns** entsteht:

[3] Vgl. *Scherer / Fruth* (Hrsg.), Integriertes Personal-Managementsystem mit Governance, Risk und Compliance (GRC), 2017.

3. Wirtschaftsnobelpreis für *Richard Thaler* (09.10.2017): Abschied vom *homo oeconomicus*: Der Nachweis der Unvernunft

Richard Thaler bewies, dass der Mensch sowohl im Privat-, wie auch im Berufsleben eher unvernünftig agiert.

Dies zeigt sich auch daran, dass lediglich der Erlass immer neuer Regelungen nicht mehr (Rechts-) Sicherheit bringt. Regelungen (und sonstige – ausufernde – Bürokratie) gibt es meist schon ausreichend.

Die (wahren) Probleme entstehen, weil Regeln häufig eben nicht befolgt werden.[4]

Begriffe wie *„Datenschutz"* oder *„(technische) Sicherheit"* sind aus diesem Grunde nur relativ.[5]

Die **Kunst** bestünde daher **für die Geschäftsleitung** in der Fähigkeit, die **Menschen** (sich selbst und das Personal) **ausreichend zu vernünftigem Handeln zu motivieren.** Dafür seien nach oben genannter Theorie aber *„nudges"* – kleine Stupse[6] – nötig, um den inneren Schweinehund[7] zu überwinden, der uns das vernünftige Handeln stets ausreden will.

4. „Homo rationalis" durch Human Workflow Management

Der Mensch und Mitarbeiter, der gerade eben wegen menschlicher Schwächen auch fehleranfällig ist, würde bei standardisierten und workflow-geführten Abläufen **Fehler nur noch** machen können, **wenn er bewusst die Prozessvorgaben technisch überwindet** und auch Kontrollen in arglistiger Weise ausschaltet.

---

[4] *Scherer / Fruth* (Hrsg.), Governance-Management Band I, 2015, S. 142 ff.

[5] Vgl. als Platzhalter für die täglichen menschengemachten Katastrophen die verheerende, von *BP* durch die Explosion der Ölplatttform ***„Deepwater Horizon"*** ausgelöste Umweltkatastrophe. Den Verantwortlichen wurde hier vom US-Bezirksrichter *Carl Barbier* **grobe Fahrlässigkeit und Rücksichtslosigkeit** vorgeworfen, vgl. dpa v. 06.09.2014, *PNP*, 06.09.2014, S. 2.

[6] **Beispiel: Sicherheitsgut:** Als die Gurtpflicht eingeführt wurde, half auch die Androhung von Bußgeldern für „Gurtmuffel" wenig. Trotz Kenntnis, dass der Sicherheitsgurt bei Unfällen Lebensretter ist, fanden die – nicht rational programmierten – Menschen bizarre Rechtfertigungen für die Weigerung, gewohnte Muster zu verlassen: „Wenns brennt und der Gurt hält mich fest?" (Wahrscheinlichkeitsrechnung!) oder: „Ich fühle mich so eingeengt…". Erst als findige Techniker den penetranten Piepston entwickelten, der erst endet, wenn der Gurt dran ist (ein sehr wirkungsvoller Stups!), gaben die Vernunft-Verweigerer auf. **Wie oft müsste es in den Unternehmen bei unvernünftigem Handeln piepsen?** Oder **sorgt „Industrie 4.0" für wirksame Alternativen?**

[7] Vgl. *von Münchhausen*, So zähmen Sie Ihren inneren Schweinehund, 2006.

Die als Workflows abgebildeten Prozessabläufe können mit allen sonstigen Systemen und Programmen der bereits vorhandenen IT-Landschaft verbunden werden, wie zum Beispiel SAP, Warenwirtschaftssystemen oder Dokumentenmanagement-Systemen.

Jeder Prozessbeteiligte wüsste, was er wann und wie und wo zu tun hat.

Auch die sogenannten **„Überwachungsfunktionen"**[8] ***(lines of defense)*** wüssten neben den Prozessbeteiligten stets, wo der Prozess gerade läuft oder eben auch sich verzögert. So wäre eine Information in Echtzeit möglich und ersparte zahlreiche Nachforschungen, Telefonate oder Meetings.

Gerade die **„Compliance" würde durch eine stets aktuelle Einbindung von Komponenten zur Erfüllung der Anforderungen aus Gesetzen, Rechtsprechung, internen verbindlichen Regeln oder Richtlinien** (wie zum Beispiel Zuwendungs- oder Datenschutzrichtlinien), sowie dem anerkannten Stand von Wissenschaft und Praxis und unter Umständen auch Industriestandards (wie ISO oder COSO etc.) **sichergestellt**.

Wenn die Aufgaben nicht ordnungsgemäß erfüllt werden, gäbe es keine Krisentelefonate oder Anfälle von Vorgesetzten mehr, sondern eine automatisierte, effektive und effiziente Eskalation zur Behebung der Schwachstelle.

Prozessoptimierungen und Anpassungen würden nicht mehr nach Bauchgefühl, sondern auf der Basis von echten und aktuellen Prozesskennzahlen **höchst effizient und effektiv** durchgeführt. Über eine der Realität entsprechende **Prozesskostenrechnung** könnte sowohl der Input des jeweiligen Prozessschrittes aber auch der **Output in Zahlungsströmen** dargestellt werden. Das wäre die Basis für eine **Wertbeitragsberechnung nach gelebten Prozessen.**[9]

Und das alles in einem „Integrierten GRC-Managementsystem on demand":

Da nahezu alle Standards (ISO / COSO / IDW / ...) für Qualitäts-, Risiko-, Compliance-, IKS-, etc.-Managementsysteme auf einen einheitlichen, zum großen Teil redundanten Aufbau und Inhalt komprimiert werden können, **sollte die Praxis die Gelegenheit nutzen, das vorhandene (Compliance-) Managementsystem auf ein integriertes, ganzheitliches Führungssystem „umzurüsten"**, das nicht

[8] Vgl. *Scherer*, „Die Welt(en) der Überwacher", FIRM Jahrbuch 2017, S. 79 – 81.
[9] Vgl. *Ludacka*, Workflow-Management in *Scherer/Fruth* (Hrsg.), Integriertes Compliance-Managementsystem mit GRC, 2. Auflage, 2017, Punkt 1.2.5.

nur einzelne Themenfelder, sondern die Anforderungen der Grundsätze ordnungsgemäßer Unternehmensführung (GoU) und -überwachung (GoÜ) (Corporate Governance) insgesamt einzuhalten ermöglicht. Der Aufwand ist aufgrund zahlreicher Redundanzen überschaubar und bietet ein enormes Einsparungspotenzial.

Die Umrüstung eines vorhandenen Managementsystems auf ein interdisziplinäres, integriertes Governance (GRC-) System (in „4 Blöcken") ist einfach und erzielt hohe Wertbeiträge.[10]

Das alles ist längst Realität und „Anerkannter Stand von Wissenschaft und Praxis" bei Good-practice-Unternehmen!

Unternehmen bzw. ihre Organe (**Aufsichtsrat, Vorstand / Geschäftsführer, Gesellschafter) sind**, falls sie selbst nicht pflichtwidrig und haftungsauslösend agieren möchten (§§ 93, 107 AktG, 43 GmbHG, 347 HGB), **verpflichtet, sich an diesen „Anerkannten Stand von Wissenschaft und Praxis" zu halten.**[11]

Deshalb sollten sie ihre **Prozesse dokumentieren, mit** Komponenten aus Governance**, Risk und Compliance angemessen anreichern und digitalisieren.**

5. Manager*ent*haftung: Die erste Entscheidung des *Bundesgerichtshofs* zur enthaftenden Wirkung eines (zertifizierten) Compliance-Managementsystems

„Erstmals hat der Bundesgerichtshof (BGH) im Urteil vom 9.5.2017 festgestellt, dass *bei der Bußgeldbemessung gegen juristische Personen und Personenvereinigungen (§ 30 OWiG)* ***sowohl die Existenz eines Compliance-Management-Systems (CMS), als auch die das CMS betreffenden Optimierungsmaßnahmen,***

---

[10] Vgl. *Scherer/Fruth* (Hrsg.), Integriertes Compliance-Managementsystem mit GRC, 2. Auflage, 2017, Punkt 1.2.5. Wertbeiträge: Bei Referenz-Kunden des Human Workflow Tools wurde alleine durch die Automatisierung eines Teil-Prozesses (Produktänderungsprozess) im ersten Jahr bereits ein hoher sechsstelliger Betrag eingespart.

[11] Vgl. *Scherer/Fruth,* Geschäftsführer-Compliance, 2009; *Scherer/Fruth,* Governance-Management, Band 1, 2014 und Band 2, 2015; *Scherer/Fruth,* Der Einfluss von Standards, Technikklauseln und des „Anerkannten Standes von Wissenschaft und Praxis" auf Organhaftung und Corporate Governance, Corporate Compliance Zeitschrift, 2015, S. 9 – 17.

welche nach Einleitung eines staatlichen Sanktionsverfahrens ergriffen wurden, von Bedeutung *sind.“*[12]

*„**Unternehmen, insbesondere mittelständischen, die auch international tätig sind, ist daher dringend zu empfehlen, sich um die Einführung eines risikobasierten CMS bereits in Zeiten zu kümmern, in denen im Unternehmen aus Compliance-Sicht „die Welt noch in Ordnung ist“**, d.h. sie sollten besser Vorsorge als Nachsorge betreiben.“*

***BGH*, Urteil vom 09.05.2017 – 1 StR 265/16, Rn. 110** (Beck RS 2017, 114548)[13]:

*„Für die Bemessung der Geldbuße ist zudem von Bedeutung, inwieweit die Nebenbeteiligte ihrer Pflicht, Rechtsverletzungen aus der Sphäre des Unternehmens zu unterbinden, genügt **und ein effizientes Compliance-Management installiert hat**, das auf die Vermeidung von Rechtsverstößen ausgelegt sein muss (vgl. Raum in Hastenrath, Compliance - Kommunikation, 2. Aufl., S. 31 f.).*

*Dabei **kann auch eine Rolle spielen, ob** die Nebenbeteiligte **in der Folge dieses Verfahrens entsprechende Regelungen optimiert und ihre betriebsinternen Abläufe so gestaltet** hat, dass vergleichbare Normverletzungen zukünftig jedenfalls deutlich erschwert werden.“*[14]

Zitat: *Raum*[15] zu: **Voraussetzung der Befreiung von strafrechtlicher Haftung bei ordnungsgemäßer Einrichtung eines Compliance-Managementsystems:**

*„Die **permanent zu aktualisierende Risikoanalyse**[16] **setzt voraus, dass Vorkehrungen**[17] **getroffen sind**, die es erlauben, den Markt ständig im Blick auf mögliche Gefahrensituationen zu beobachten.“*

---

12 *Malik*, BGH: Berücksichtigung Compliance-Management-System bei Bußgeldbemessung, www.haufe.de/compliance/recht-politik/vorteile-durch-compliance-management-system-bei-bussgeldbemessung_230132_422996.html

13 Vgl. *Bundesgerichtshof* vom 09.05.2017 Az. 1 StR 265/16, Rn. 110 sowie *Raum*, Vorsitzender Richter dieses entscheidenden 1. Strafsenats im Artikel „Compliance im Zusammenhang straf- und bußgeldrechtlicher Pflichten“, 2017 in *Hastenrath* (Hrsg.), Compliance-Kommunikation, 2017, auf den in der *BGH*-Entscheidung verwiesen wird.

14 Hervorhebung (Fettdruck) durch Verfasser

15 *Raum* im Artikel „Compliance im Zusammenhang straf- und bußgeldrechtlicher Pflichten“, 2017, S. 33, Rn. 5, in *Hastenrath* (Hrsg.), Compliance-Kommunikation, 2017.

16 Anmerkung: Hervorhebung durch Verfasser

17 Z.B. Prozesse für regelmäßige angemessene Durchführung und Bewertung von Unternehmens-, Umfeld- und interested-parties-Analyse. Vgl. dazu die Punkte 4.1 und 4.2 der ISO 19600.

„[...] Für das Organ kann dies bedeuten, dass es sich ***im Falle einer ordnungsgemäßen Einrichtung entsprechender Compliance-Systeme jedenfalls im Grundsatz von einer strafrechtlichen Haftung (teilweise) befreien kann****. [...]"*

„[...] Dafür sind regelmäßig ***folgende Voraussetzungen*** *erforderlich:"*

1) „Ordnungsgemäße Delegation und Übertragung von Compliance-Befugnissen":

Zitat *Raum:*[18]

„[...] Eine der entscheidenden Schlüsselfragen lautet, ***wo und wie der Compliance-Verantwortliche*** *in der Unternehmensstruktur* ***verortet sein muss.****"*

2) „Auswahl der Compliance-Beauftragten"

- Angemessene Rechtskenntnisse
- Kommunikative Fähigkeiten
- Konsequenz bei der Wahrnehmung seines Amtes
- Persönlicher Charakter
- Sachliche Ausstattung

3) „Überwachung"

Zitat *Raum:* [19]

„[...] Das Organ muss vielmehr die Funktionsfähigkeit seines Compliance-Systems ebenso überprüfen wie seine Effizienz" [Effektivität].

4) „Positive Gesamteinstellung zur Compliance"

(Tone from the Top)

[18] *Raum* im Artikel „Compliance im Zusammenhang straf- und bußgeldrechtlicher Pflichten", 2017, S. 33, Rn. 6, in *Hastenrath* (Hrsg.), Compliance-Kommunikation, 2017.

[19] *Raum* im Artikel „Compliance im Zusammenhang straf- und bußgeldrechtlicher Pflichten",2017, S. 38, Rn. 22, in *Hastenrath* (Hrsg.), Compliance-Kommunikation, 2017.

5) *„Inhaltliche Maßgaben“*

für Angemessenheit / Ordnungsmäßigkeit eines CMS[20]

Rechtliche Bedeutung eines Compliance-Managementsystems in Verstoßfällen

„Eine wesentliche Wirkung eines Compliance-Systems ist die straf-/ bußgeldrechtliche Entlastung der Geschäftsleitung.“[21]

*„**Liegt ein ordnungsgemäßes [!] Compliance-System vor, ist das Organ straf- und bußgeldrechtlich exkulpiert,** wenn ihm auch im Blick auf etwaige persönliche Sonderkenntnisse kein Schuldvorwurf gemacht werden kann.“*[22]

Zitat *Raum*:[23] zu: **Bedeutung und Auswirkung von Standards (ISO / IDW / etc.) und Zertifizierungen auf die Manager- und Unternehmenshaftung:**[24]

„Richtlinien und Zertifizierung

*In diesem Zusammenhang ist zu erörtern, welche **Bedeutung** den in jüngerer Zeit **erarbeiteten IDW (PS 980) und ISO (19600) Richtlinien/Normen** bzw. den von wirtschaftsberatenden Unternehmen angebotenen **Zertifizierungen** zukommen kann.“*

*„[...] Der Sache nach **gehören diese Fragen** im obigen Prüfungsschema **an die Stelle, an der geprüft wird, ob eine Verletzung der Aufsichtspflicht** vorliegt.*

*Die **Richtlinien/Normen können nämlich Standards setzen**, die wiederum die Entscheidung, ob das Zumutbare getan wurde, um solche Verstöße zu vermeiden, beeinflussen können.*

[20] *Raum*, „Compliance im Zusammenhang straf- und bußgeldrechtlicher Pflichten“, 2017, S. 40, Rn. 27 ff., in *Hastenrath* (Hrsg.), Compliance-Kommunikation, 2017.

[21] *Raum* im Artikel „Compliance im Zusammenhang straf- und bußgeldrechtlicher Pflichten“, 2017, S. 41, Rn. 34, in *Hastenrath* (Hrsg.), Compliance-Kommunikation, 2017.

[22] *Raum* im Artikel „Compliance im Zusammenhang straf- und bußgeldrechtlicher Pflichten“, 2017, S. 41, Rn. 34, in *Hastenrath* (Hrsg.), Compliance-Kommunikation, 2017.

[23] *Raum* im Artikel „Compliance im Zusammenhang straf- und bußgeldrechtlicher Pflichten“, 2017, S. 41, Rn. 34, in *Hastenrath* (Hrsg.), Compliance-Kommunikation, 2017.

[24] *Raum* (Vorsitzender Richter des 1. Strafsenats des Bundesgerichtshofes), „Compliance im Zusammenhang straf- und bußgeldrechtlicher Pflichten“, S. 48 ff., Rn. 56 ff., in: *Hastenrath* (Hrsg.), Compliance-Kommunikation, 2017, Zitate (kursiv dargestellt).

Sie ***helfen*** *aber auch – im Falle der Annahme einer Aufsichtspflichtverletzung –* ***das Maß der Pflichtwidrigkeit zu bestimmen****, das für die Bemessung der Geldbußen zu Lasten der Leitungspersonen und des Unternehmens selbst ein entscheidendes Kriterium ist."*

„Weder Richtlinien noch Zertifizierungen ersetzen ***im Verletzungsfall die gebotene Einzelfallbetrachtung****. Die standardisierten Normen können die eigenverantwortliche Prüfung der Gerichte nicht ersetzen. Eine* ***Zertifizierung*** *(auf welcher Grundlage auch immer) hat* ***für sich genommen weder*** *für das Organ* ***noch*** *für das Unternehmen eine* ***exkulpierende Wirkung****. Insoweit kann die Zertifizierung* ***allenfalls eine individuelle Bedeutung*** *dafür haben, dass sich die Verantwortlichen um die Verhinderung von Rechtsverletzungen aus ihrem Unternehmen heraus bemüht haben."*

„Ebenso stellt ***der kommunikative Prozess****, der mit der Zertifizierung verbunden ist,* ***einen Wert an sich*** *dar. Hierdurch wird* ***Problembewusstsein geschaffen*** *und regelmäßig auch eine* ***Verbesserung der vorhandenen Strukturen*** *herbeigeführt. Jedenfalls können die auf dem Markt befindlichen* ***Richtlinien*** *gerade im unternehmerischen Bereich ein* ***wichtiger Leitfaden für den Aufbau und die Weiterentwicklung eines Compliance-Systems*** *sein."*

„Derartige Leitlinien können *deshalb* ***faktisch strafbarkeitskonstituierend sein."***

„Die mit der ISO 19600 geschaffenen Regeln *[...] können einen* ***Orientierungsrahmen*** *schaffen."*

„Generell lässt sich anmerken, dass die von den Unternehmensleitungen erwünschten haftungsrechtlichen Persilscheine nicht durch eine Zertifizierung anhand irgendwelcher Richtlinien erreichen lassen wird, sondern ***in erster Linie*** *durch eine* ***engagierte Wahrnehmung der Vorbildfunktion*** *und einer* ***ambitionierten und vertrauensvollen Zusammenarbeit mit kompetenten Compliance-Beauftragten****."*

Zitat *Raum*:[25] zu: **Wertbeitrag eines CMS:**

„Zwischenzeitlich ist eine funktionierende und glaubhafte Compliance ***für das Image des Unternehmens selbst zu einem wichtigen Faktor geworden.***

Compliance hat einen ***erheblichen Werbewert*** *für Kapitalgesellschaften.“*[26]

Dinge, die Sie daher als Entscheider tun sollten, um Ihre persönliche zivil-, straf- und bußgeldrechtliche Haftung zu vermeiden:

Tipps

1. Installieren Sie ein angemessenes Compliance-Managementsystem!
2. Optimieren Sie auch bei bereits eingetretenen Problemfällen / eingeleiteten staatlichen Sanktionsverfahren Ihre betrieblichen Abläufe!
3. Installieren Sie eine Unternehmens-, Umfeld- und interested parties – Analyse als Voraussetzung für eine angemessene Risiko-Analyse!
4. Führen Sie regelmäßig angemessene (Compliance-) Risikoanalysen durch!
5. Unterbinden Sie Rechtsverletzungen aus der Sphäre des Unternehmens durch ein angemessenes Compliance-Managementsystem!
6. Optimieren Sie Ihre internen Richtlinien und Prozessabläufe!
7. Implementieren Sie einen kompetenten (internen / externen) Compliance-Beauftragten!
8. Überprüfen Sie, ob Ihr Compliance-Managementsystem folgende Basis-Elemente (nach *Raum*) aufweist:
   - □ Regelmäßige *Risikoanalyse*
   - □ *Kompetente,* geschulte *und motivierte Mitarbeiter auch in Bezug auf Compliance*

---

[25] *Raum* im Artikel „Compliance im Zusammenhang straf- und bußgeldrechtlicher Pflichten“, 2017, S. 41, Rn. 34, in *Hastenrath* (Hrsg.), Compliance-Kommunikation, 2017.

[26] *Raum* im Artikel „Compliance im Zusammenhang straf- und bußgeldrechtlicher Pflichten“, S. 32, Rn. 4 ff., in *Hastenrath* (Hrsg.), Compliance-Kommunikation, 2017.

- ☐ *Ein die Anonymität des Hinweisgebers wahrendes Hinweisgebersystem*
- ☐ *Prozesse, um Compliance-Verstoße frühzeitig zu erkennen und um konsequent* und angemessen zu reagieren

9. Leiten Sie bei Kenntnissen über Compliance-Risiken bzw. -Verstößen unverzüglich angemessene Maßnahmen ein!
10. Orientieren Sie die Ausgestaltung Ihres (Compliance-) Managementsystems an den Inhalten der geläufigen Standards (ISO / IDW / COSO / ...: vgl. den synoptisch darstellenden „Universalstandard Compliance-Managementsystem“[27]).
11. Sorgen Sie für Zertifizierungs-Reifegrad Ihres Managementsystems![28]
12. Nehmen Sie engagiert eine Vorbildfunktion auch in Richtung Compliance wahr!
13. Arbeiten Sie eng und vertrauensvoll mit einem konsequenten (internen / externen) Compliance-Beauftragten zusammen!
14. Messen Sie den Reifegrad Ihres (Compliance-) Managementsystems!
15. Erzielen Sie mit einem gelebten (Compliance-) Managementsystem Wertbeiträge und Reputationsgewinne
16. „Tue Gutes und rede darüber“ – intern und extern mit den „interessierten Gruppen“
17. Berücksichtigen Sie immer den „gesunden Menschenverstand und das Pareto-Prinzip!“

[27] Zum kostenlosen Download auf www.gmrc.de.

[28] Das Internationale Institut für Governance, Management, Risk und Compliance der Technischen Hochschule Deggendorf (www.gmrc.de) auditiert / zertifiziert integrierte Managementsysteme (z.B. QM mit Risk, Compliance und IKS).

6. Fazit

Das „Manager 4.0-Sicherheitspaket“

- ☐ 1. Abgestimmte und angepasste Satzungen, Geschäftsordnungen, Anstellungsvertrag, Stellenbeschreibung
- ☐ 2. „Absegnungsmethodik“ mit Weisungen und Gesellschafterbeschlüssen
- ☐ 3. Risiko- und Compliance- Managementsystem mit Compliance-Beauftragten
- ☐ 4. Beachtung der Business Judgment Rule
- ☐ 5. Rechtssichere Organisation mit Human-Workflow-Prozessen
- ☐ 6. Rechtssichere Delegation
- ☐ 7. Dokumentation
- ☐ 8. Maßgeschneiderter Versicherungsschutz mit Sonderklauseln bei D & O, Vermögensschadenhaftpflicht, Strafrechtsschutz
- ☐ 9. Sichere persönliche Gestaltungen (Eheverträge, zugriffssichere Vermögensanlagen)
- ☐ 10. Gepackter Managerrisiko-Koffer

Trotz erheblich gestiegener Anforderungen an die Qualität und Compliance von Managemententscheidungen sowie des Beweises, dass der Mensch an sich gerne unvernünftig handelt, **lassen sich** mit Human Workflow Management Prozessen, angereichert mit Komponenten aus Governance, Risk und Compliance **in einem Integrierten Managementsystem noch erhebliche Wertbeiträge erzielen und gleichzeitig** durch wirksame Compliance die **Haftungsgefahren für Management und Mitarbeiter vermindern**.

Diese positiven Effekte lassen sich gut an alle sogenannten „interested parties" (Kunden / Behörden / Mitarbeiter / Bank / etc.) kommunizieren:

„Tue Gutes und rede darüber!"

Januar 2018

Prof. Dr. jur. Josef Scherer

Richter am Landgericht a.D.
Rechtsanwalt
Professor für Unternehmensrecht (Compliance),
Risiko- und Krisenmanagement,
Sanierungs- und Insolvenzrecht
Leiter des Internationalen Instituts
für Governance, Management, Risk & Compliance
der Technischen Hochschule Deggendorf

Inhalt

1. Einführung: Governance: Standardorientiertes, integriertes Management im Bereich Compliance: „Das Richtige richtig tun" („Block 1")

Die Zeiten ändern sich, und wir ändern uns mit ihnen.

Was heißt Governance und Compliancemanagement?

(Corporate) Governance heißt ordnungsgemäße (pflichtgemäße) Unternehmensführung und
-überwachung.

Compliance bedeutet pflichtgemäßes Verhalten in Hinblick auf allgemein verbindliche Regeln (Gesetze, Rechtsprechung), aber auch in Hinblick auf für verbindlich erklärte (interne) Vorgaben [z.B. Regelungen aus dem „Code of Conduct" (unternehmensspezifische Verhaltensregelungen) oder Anstellungsvertrag].

Idealerweise deckt sich pflichtgemäßes Verhalten mit „vernünftigem Verhalten",

so, wie ein Bauarbeiter heutzutage von selbst und freiwillig Schutzkleidung (Helm / Sicherheitsschuhe / etc.) trägt und auf Alkohol auf der Baustelle verzichtet.

Oder ein Autofahrer sich angurtet.

Oder ein Vereinsvorstand den ehrenamtlichen Mitgliedern nicht unberechtigte Spendenquittungen ausstellt.

Oder vor der Vergabe von Aufträgen die Vertragspartner (Lieferanten) „gecheckt" werden in Hinblick auf Compliance, Qualität, Risiko, Nachhaltigkeit, etc.

Das war – zum Teil – früher anders!

Die letzten Jahre hat sich da viel verändert! Fallen Ihnen weitere (positive?) Beispiele ein?

Das „Neue" an Governance, Risiko- und Compliancemanagement (GRC) ist, dass nicht – wie früher üblich – nur gelöscht wird, wenn es brennt und dann (reaktiv!) gewartet wird, bis es wieder brennt (-so werden bis heute noch Juristen ausgebildet).

GRC kümmert sich gleich nach dem Brand um Brandschutz, damit es nicht nochmal brennt. Oder noch viel besser: Gleich, bevor es überhaupt brennt, sorgt es proaktiv für Brandschutz. Und:

Ein funktionierendes „Brandschutzsystem" (der Nachweis, dass gesetzliche, behördliche und interested-parties (z. B. Kunden, Aufsichtsfunktionen, etc.) -Anforderungen erfüllt werden) ist schließlich Voraussetzung für die Erlaubnis, das Unternehmen zu betreiben!

Governance, Risk und Compliance heißt, **durch Prophylaxe** den Eintritt von Pflichtverletzungen, Schadens- und Haftungsfällen zu **vermeiden** und den **Zugang zu Markt und Kunden und unternehmerische Tätigkeit an sich zu ermöglichen.** In vielen Unternehmen werden viele Ressourcen (Zeit / Geld / Nerven) verschwendet, um Symptome (Problemfälle) zu kurieren. Dabei ist es primär wichtig, die Ursachen für Probleme zu kennen und diese zu beheben, damit es gar nicht erst zum Problemfall kommt.

Ziel ist, nicht - wie leider in der Praxis noch sehr häufig - mit viel Mühe und Aufwand die Symptome zu bekämpfen, sondern

die Ursachen!

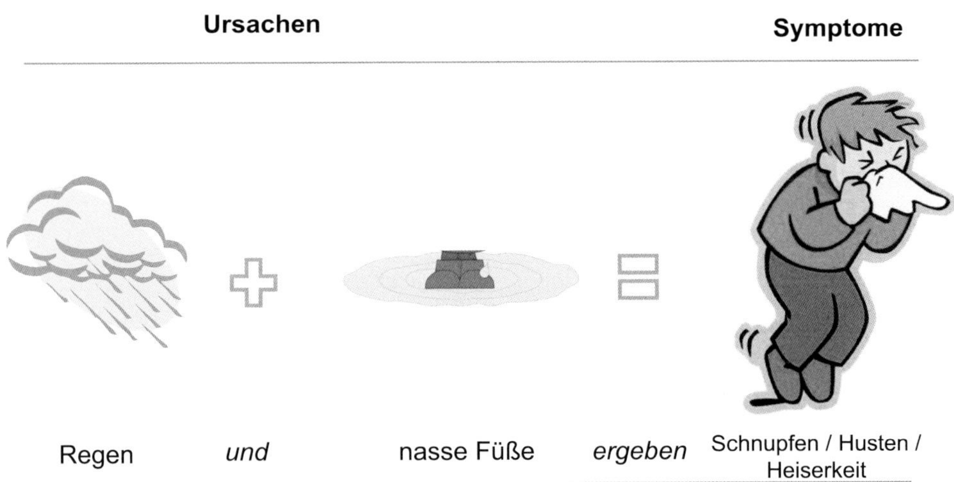

Abbildung 1: Ursache - Symptome.

1.1.1 Die „gesuchte Klammer“ um Fachdisziplinen und Unternehmensfunktionen

Das Compliance-Managementsystem kann – ebenso wie ein Umwelt-, Arbeitssicherheits-, Risiko-, Qualitäts-, etc.-Managementsystem – grundsätzlich aufgrund der entsprechenden Erwähnung in Standards als isoliertes Inselsystem implementiert werden.

Es kann aber auch ein führendes Integriertes Managementsystem (IMS) verschiedene Bereiche wie Compliancemanagement, Qualitätsmanagement, Risikomanagement, etc. verbinden.

Die diversen (Prozess-) Themenfelder eines Unternehmens (Führungs-, Kern- und Unterstützungsthemenfelder) lassen sich bildhaft mit einem „Unternehmens-schiff" darstellen:

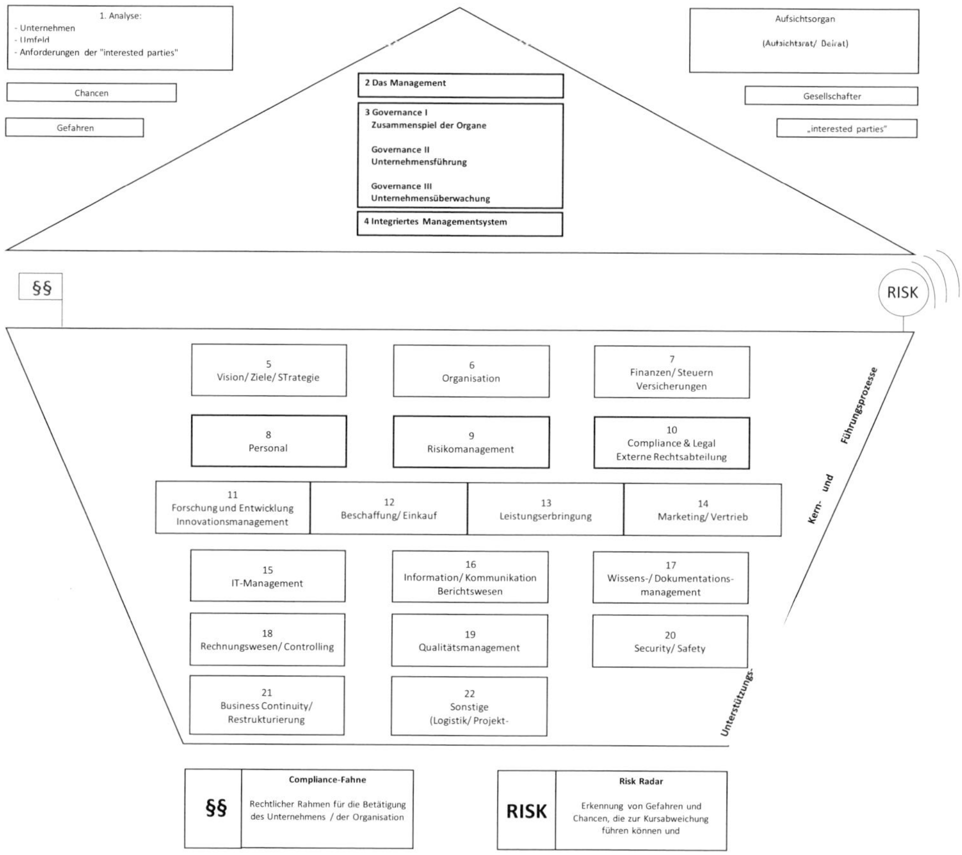

Abbildung 2: Das Unternehmensschiff und die von Compliance-Management behandelten Felder: Alle!

Das **„Unternehmensschiff"** fährt mithilfe von **Governance (Ziele setzen, planen, steuern, überwachen)** durch die raue See des Wirtschaftslebens.

Der **„Compliancerahmen"** zeigt Kapitän und Mannschaft die **rechtlichen Grenzen / Rahmenbedingungen** auf: In bestimmten Fahrwassern darf das Schiff sich nicht bewegen!

Der **„Risikomanagement-Radar"** zeigt **Chancen** (günstige Strömungen und Winde [Trends]) **und Gefahren** (Eisberge und nahende Stürme oder Flaute) auf und hilft, entsprechend zu **steuern.**

1.1.2 Ziele

Bzgl. der **Ziele unternehmerischen Handelns** sind die

- (gemeinsamen) **unternehmerischen Ziele** der Organe (Geschäftsführer / Vorstand, Gesellschafter, Aufsichtsgremium), Mitarbeiter und sonstigen „interested parties"

zu differenzieren von den

- **persönlichen (beruflichen) Zielen** der jeweils Agierenden.

Interessant erscheint die hier vertretene **These, dass sich ein hoher Reifegrad eines GRC/IMS-Managementsystems auch auf die Erreichung der persönlichen Ziele (neben den unternehmerischen Zielen), positiv auswirkt!**

1.2 Allgemeines

1.2.1 Begriffserklärung „Compliance-Management(-System)"

*Bzgl. eines **Compliance-Managementsystems** ließe sich definieren (hier gibt es bisher noch keine Legaldefinition, so dass die Definitionsfreiheit viele Vorschläge ermöglicht):*

***„Aufbau- und Ablauforganisation** einer Institution **mit** interagierenden Komponenten (z. B. **Prozessabläufe / Zuständigkeiten**, etc.) **mit dem Ziel der Sicherstellung von Pflichtenkonformität** im Hinblick auf externe und interne verbindliche Vorgaben."*

1.2.2 Definitionen *im* Compliancemanagement

Die für ein Compliance-Managementsystem benötigten Begriffe ***müssen*** *gesammelt und die betroffenen Mitarbeiter entsprechend geschult sein.*

Die Begriffe werden unterteilt in:

- *„**Grundlagenbegriffe,** die auf jeden (Prozess-) Themenbereich Anwendung finden, wie z.B. „Organisation“, „Prozessbeschreibung“, „Managementsystem“*

Diese sind bzgl. aller betroffenen Themenbereiche vor die Klammer zu ziehen und einheitlich und verständlich zu definieren.

- ***Spezielle Begriffe zu den jeweiligen Themenbereichen,*** *wie z.B. „whistle-blowing“ „Ombudsmann“oder „Hinweisgeber-System“ bei Compliancemanagement, „Emissionen“ oder „Immissionen“ bei Umweltmanagement, „Kundenservice“ oder „Beschwerde-Management“ bei Qualitätsmanagement, „CE-Kennzeichnung“ bei Produkthaftungsrisiko- und -compliancemanagement, etc.*

Diese sollten im Unternehmen („Definitionen-Wiki“) auch (prozess-)themenbezogen dargestellt und geschult werden.

1.2.3 Rechtliche Rahmenbedingungen für ein Compliance-Managementsystem

Jedes Unternehmen und jeder Manager/Mitarbeiter **muss** compliant sein: Das ergibt aus der **allgemeinen Legalitätspflicht** (zwingende Pflicht, sich an Gesetze und Rechtsprechung zu halten).

1.2.4 Standards im Bereich Compliancemanagement

Relevant sind im weiteren Bereich „Compliance-(Risiko-)Management" die Standards:

- ☐ Universal-Standard „Compliance-Managementsystem" des Internationalen Instituts für Governance, Management, Risk und Compliance der Technischen Hochschule Deggendorf, (www.gmrc.de)
- ☐ ISO 19600 (2014) (Compliance)
- ☐ COSO I (2013) (Compliance)
- ☐ IDW PS 980 (2011) (Compliance)

1.2.5 Tools und Methoden im Bereich Compliancemanagement

Prozessmanagement-Methode:

Der **Einbau von Risiko- oder Compliance - Komponenten in vorhandene Prozessabläufe** ist sehr schön **am Beispiel** der **Kundenprüfung**: Identitäts-, Bonitäts- und Legalitätsprüfung (z.B. Außenwirtschaftskontrolle und Geldwäsche beim Kunden) als zeitnaher Prozessschritt im Angebotsprozess darzustellen, der nicht nur Gefahren reduziert und persönliche Haftung vermeidet[29], sondern auch zeigt, dass Governance mit Risiko- und Compliance - Management hilft, viel Geld zu sparen:

[29] Risikomanagement und Compliance: Nach *BGH* **haftet ein Geschäftsführer,** der pflichtwidrig eine **Bonitätsprüfung nicht installiert** hat (Organisationspflichtverletzung), **persönlich** für den der Gesellschaft durch den Forderungsausfall entstandenen Schaden, *BGH*, WM 1981, S. 440.

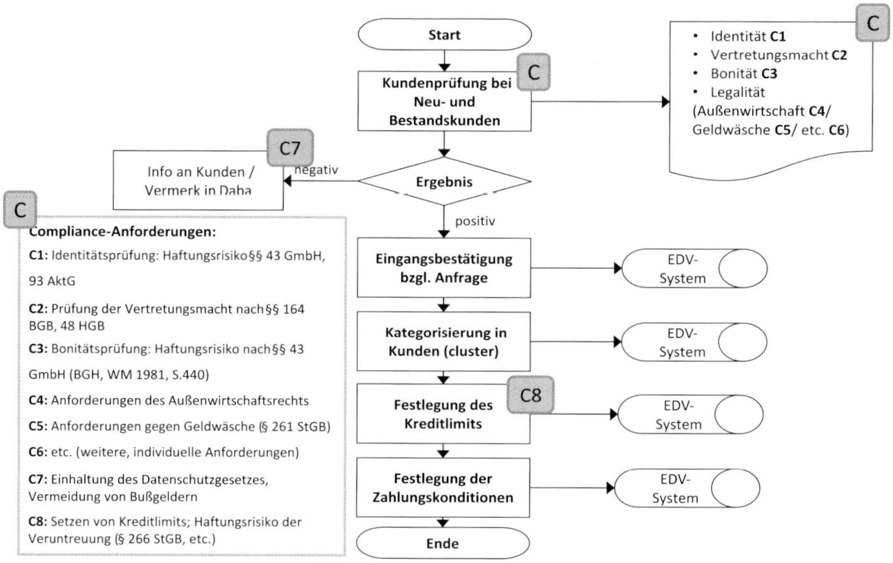

Abbildung 3: Kundenprüfung bei Neu- und Bestandskunden.

Risikomanagement-Methode:

*Da auch Compliance-Risiken mit Tools und Methoden des Risikomanagements eruiert und bewertet werden, **muss** für Kenntnis und sachgerechte Anwendung auch hier gesorgt werden.*

Delegations-Methode: Erfüllung der Anforderungen bei Auslagerungen / Outsourcing (Delegation / Überwachung):

*Bei Outsourcing / Auslagerungen oder internen / externen Delegationen **muss** darauf geachtet werden, dass der Delegierende die Gesamtverantwortung selbst bei ordnungsgemäßer Delegation in Form einer Überwachungsverantwortung behält und den Delegationsempfänger dazu anhält, sich seinerseits pflichtgemäß zu verhalten.*

*Die Anforderungen an eine rechtssichere Delegation **müssen** beachtet werden.*

Sie bestehen in der Auswahl von geeigneten Delegationsempfängern, in einer entsprechenden Instruktion und einer Überwachung, dass die Leistungen der Delegationsempfänger die Anforderungen: Effektivität, Sicherheit, Rechtssicherheit, Qualität, Termintreue, etc. erfüllen.[30]

Ombudsmann- oder whistle-blowing-System:

Externer Compliance-Ombudsmann oder Hinweisgebersystem

Internal Investigations-Methoden:

Compliancemanagement-Zielabweichungs-(Verstoß-)Erkennungs- und Reaktions-Prozess

1.3 Die Konzeptionierung, Umsetzung, Überwachung und (kontinuierliche) Verbesserung (Plan/Do/Check/Act) eines integrierten, standardorientierten Compliance-Managementsystems

Die Plan/Do/Check/Act-Methode: Ziele und Planung, Steuerung und Überwachung

Zunächst werden Ziele und der zu erzielende Wertbeitrag des unternehmerischen Handelns definiert, die Strategie festgelegt und die Vorgehensweise geplant. Dies lässt sich auch mit strategischer „Planungsphase" umschreiben und entspricht der Phase „Plan".

Die Steuerung und Überwachung sorgt mit Identifikation der Ziele, deren Anforderungen und durchzuführenden Maßnahmen, um diese Ziele zu erreichen, sowie mit Aufgabenverwaltung (to-do-Verwaltung), Projektmanagement, etc. für eine plangerechte Umsetzung und stellt z.B. durch Soll-Ist-Vergleiche fest, ob Planabweichungen oder Veränderungen in Umfeld oder Organisation Korrekturmaßnahmen erfordern (welche wiederum geplant und gesteuert werden): Do, Check, Act.

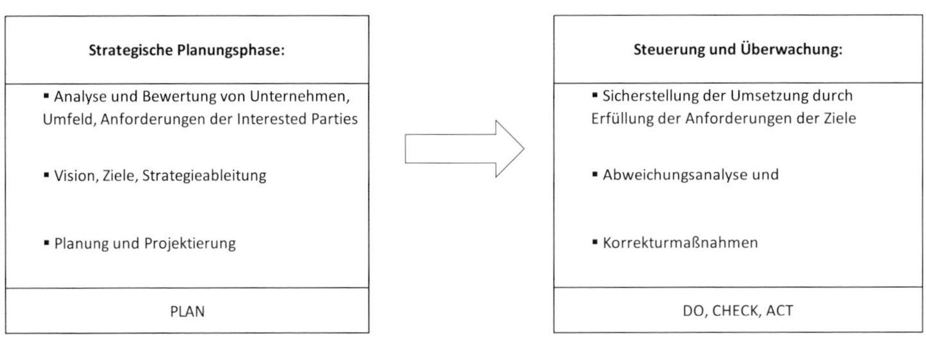

Abbildung 4: Ziele und Planung, Steuerung und Überwachung.

Konzeptionierung von Aufbau und Inhalt des Compliance-Managementsystems *(Plan):* Darstellung von Zielen und Wertbeitrag, des Soll-Zustandes, Soll-Ist-Abgleich, Bewertung von alternativen Strategien, Entscheidung, Projektierung

„A failure in planning is like planning a failure“.[31]

Change-Management

Neben Schulungen ist ein Change-Management-Prozess zu konzipieren / projektieren: Die zum Teil für viele Mitarbeiter noch neuen Anforderungen von Governance / QM / Risk und Compliance sollen mittelfristig zum Verhaltensmuster, zur Selbstverständlichkeit werden, also in „Fleisch und Blut“ übergehen (vgl. das Beispiel Bauarbeiter mit Helm statt Bierkasten).

Je höher dieser Reifegrad, desto geringer der Überwachungsaufwand! Insofern zahlt sich eine ausreichende Investition in das Change-Management u.U. bereits sehr früh aus.

[31] Dieser sinnhafte Spruch war als Untertitel in einer Star-Wars-Folge von „The Clone Wars“ zu lesen.

2. Analyse von Unternehmen, Umfeld, etc. und Ableitung des Unternehmensrahmens („Block 2“)

2.1 Analyse von Unternehmen, Umfeld und Anforderungen der „Interested parties“

2.1.1 Unternehmensanalyse

*Es **muss** eine Analyse der Unternehmenscharakteristika durchgeführt und dokumentiert werden, um eine Art „Steckbrief des Unternehmens“ zu erstellen.*

2.1.2 Umfeldanalyse

*Im Rahmen der zukunftsorientierten Strategieentwicklung **muss** regelmäßig eine Umfeldanalyse durchgeführt werden. Sie nimmt idealerweise Stellung zu: Markt (Bedürfnisse, Verhalten, etc.), Branche, Wettbewerb, gesamtwirtschaftlichen, rechtlich-politischen, gesellschaftlichen und wissenschaftlich-technischen und sonstigen relevanten Gegebenheiten und Entwicklungen.*

2.1.3 Darstellung und Bewertung der Anforderungen der „interessierten Gruppen“ (Organe und „sonstige Stakeholder“)

*Das Unternehmen (die Organisation) **muss** die – auch für das Compliance-Managementsystem – relevanten interessierten Gruppen und deren Anforderungen bestimmen.*

Interessierte Gruppen sind z. B. Organe, wie Geschäftsführung, Gesellschafterversammlung, Aufsichtsorgan oder Sonstige, wie z. B. Arbeitnehmer, Betriebsrat, Kunden, Lieferanten, Behörden
(z. B. Gewerbeaufsichtsamt, Zoll, Finanzamt, etc.), Medien.

*Mögliche Anforderungen mehrerer unterschiedlicher Gruppen sind z. B. funktionierendes Compliancemanagement (Pflichtenbefolgung) oder Transparenz. Die Anforderungen **müssen** bewertet und sich daraus ergebende erforderliche Maßnahmen (z.B. für das Compliance-Managementsystem) umgesetzt werden.*

2.2 Ableitung des *Unternehmensrahmens* aus bewerteter Unternehmens- und Umfeldanalyse mit Anforderungen „interessierter Gruppen“

*Der aus bewerteter Analyse abgeleitete Unternehmensrahmen besteht – **für das gesamte Unternehmen** – aus Unternehmensvision/ -zielen/ -strategie, Unternehmenspolitik und **unternehmensweit vereinheitlichten** Organisations-, Kommunikations-, und Dokumentations**vorgaben.***

2.2.1 Unternehmensvision, Mission, Leitbild, Ziele, Strategie, Planung

Den ersten Teil des Unternehmensrahmens bilden Unternehmensvision, -mission, -leitbild, -ziele, -strategie und -planung.

2.2.2 Unternehmenspolitik (Grundsätze der Unternehmensführung)

Entsprechend sollte die Unternehmenspolitik also vor allem grundlegende Entscheidungen in Bezug auf die Unternehmensausrichtung dokumentieren und kommunizieren, z.B. Innovationsführerschaft, „best in class“, starke Ausrichtung auf ökonomische, soziale, ökologische Nachhaltigkeit, etc.

2.2.3 Organisatorischer Rahmen (unternehmensweit)

An dieser Stelle wird unternehmensweit einheitlich vorgegeben, wie die Unternehmensorganisation im konkreten Unternehmen ausgeführt wird:

Beispielsweise sollten Stellenbeschreibungen in einem einheitlichen, unternehmensweit geltenden Muster mit allen (rechtlich) erforderlichen Bestandteilen ausgeführt, Prozessbeschreibungen in einer einheitlich festgelegten Darstellungs- und Visualisierungsform, die Delegation einheitlich und auf rechtsicheren Vorgaben beruhend, vorgenommen werden.

Relevante Bestandteile eines Konzepts für rechtssichere Unternehmensorganisation ***müssen*** *angemessen vorgehalten werden:*

Das Organisationskonzept sollte – nicht abschließend – folgende Komponenten beinhalten, die jede für sich den Anforderungen der Gesetze und Rechtsprechung genügen ***muss****:*

1. *(Den rechtlichen Anforderungen genügende) gesellschaftsrechtlich angemessene Unternehmensstruktur (gegebenenfalls auch Holding-Konzernstruktur)*
2. *Rechtssichere Organigramme (Konzern-, Unternehmens-, Bereichsorganigramme)*
3. *Schnittstellenmanagement [Kommunikation und Kooperation der notwendigen Schnittstellen zwischen den einzelnen (Prozess-) Themenbereichen und gegebenenfalls auch zu „Sonstigen" („interested parties", vgl. „Industrie 4.0")]*
4. *Rechtssichere Stellenbeschreibungen*
5. *Rechtssicheres Interaktionsmanagement [rechtssichere Regelung, wie die Organe, Gesellschaften (falls Konzernstruktur gegeben), Abteilungen, etc. interagieren u.a. in Hinblick auf: Aufgaben- und Verantwortungsbereiche / Vertretung / Stellvertretung / Aufsicht / Weisung / Kommunikation / etc.]*
6. *Rechtssichere Delegation (durch Auswahl geeigneter Delegationsempfänger, Instruktion und Überwachung – auch Externer)*
7. *Rechtssichere Prozessbeschreibungen (Verfahrensanweisungen)*
8. *Wirksame Aufsichts- bzw. Kontrollmechanismen (auch in Hinblick auf Compliance) – auch, falls Leistungen von Externen erbracht werden (z.B. im Rahmen von outsourcing, z.B. bei Auslagerungen/Belieferung oder Delegation)*

9. *Implementiertes und wirksames Informations- und Kommunikationsmanagement*

10. *Implementiertes und wirksames Dokumentationsmanagement*

11. *Unterstützendes (integriertes) Managementsystem*

12. *Angemessene Personalressourcen [in Quantität und Qualität (Kompetenzen)]*

– In vielen Fällen werden von Gesetzgebung oder Rechtsprechung fehlende Dokumentation und / oder unzureichende Personalressourcen als grobe Organisationspflichtverletzung mit verschärften Sanktionen (z.B. Beweislastumkehr, sogar bzgl. Ursächlichkeit der Pflichtverletzung für den Schaden) gewertet.

2.2.4 Kommunikationsrahmen (unternehmensweit)

*Ein einheitlicher unternehmensweit geltender Kommunikationsrahmen **muss** Aussagen treffen, wer? was? wie? wann? und an wen? („5xW“) kommuniziert. Bei der Kommunikation **muss** interne und externe Kommunikation unterschieden und gesteuert werden.*

2.2.5 Dokumentationsrahmen (unternehmensweit)

*Die Lenkung (Erstellung und weitere Behandlung) von Dokumenten (einheitlichen Formularen / Mustern wie z.B. Muster-Stellenbeschreibung, etc.) und Aufzeichnungen (individuelle Schriftstücke, wie z.B. ein ausgefülltes Formular oder ein Vertrag) **muss** nach den allgemeinen unternehmensweit geltenden, den rechtlichen Anforderungen genügenden, Grundsätzen erfolgen.*[32]

Die Dokumente und Aufzeichnungen sind idealerweise je nach Art unternehmensweit einheitlich gestaltet und auch die Frage, wer? was? wie? wann? rechtssicher dokumentiert und archiviert, sollte einheitlich unternehmensweit geregelt sein.

[32] Vgl. die Vorgaben aus dem Qualitätsmanagement ISO 9001:2015 und unten Punkt 3.8.3.

3. Allgemeine Regeln des Compliance-Managementsystems („Block 3“)

3.1 Selbstverpflichtung des Top-Managements (Leadership and Commitment) zu Compliancemanagement

Das Top Management (Geschäftsführung / Vorstand, etc.) ***muss*** *mit Vorbildcharakter das Compliance-Managementsystem fördern:*

Es ***muss*** *die in diesem Standard dargestellten Komponenten des Compliance-Managementsystems transparent machen, konzeptionieren, in Aufbau- und Ablauforganisation implementieren, für Wirksamkeit (gelebt werden), Bewertung und Überwachung, kontinuierliche Anpassung bei internen und externen Veränderungen und Verbesserung des Reifegrades sorgen, sowie intern und extern kommunizieren.*

Das Top Management ***muss*** *die Grundzüge des Compliance-Managementsystems verstehen und über den sachgemäßen Einsatz angemessener Tools und Methoden entscheiden können.*

Das Bekenntnis zu Compliancemanagement darf bei Vorgesetzten nicht nur ein „Lippenbekenntnis“ sein, sondern ***muss*** *vorgelebt werden.*

3.2 Vision, Mission, Ziele, Strategie, Planung und Wertbeitrag des Compliance-Managementsystems

Die Vision für das Compliance-Managementsystem könnte z.B. die Erreichung eines sehr hohen Reifegrades (z.B. „Stufe 4“ oder „5“, vgl. unten 3.12.5) sein.

Die ***Ziele des Compliancemanagements*** *sind (nicht abschließend):*

- *Einhaltung von Pflichtvorgaben und*
- *Im Bereich von Entscheidungsspielräumen: angemessene Entscheidungen*
- ***das Erkennen, Bewerten und Steuern von Compliance-Risiken***
- ***Compliancemanagement-Zielabweichungen und/oder -Verstöße, frühzeitig zu entdecken und zu steuern.***

3.3 Anwendungsbereich (Scope) des Compliance-Managementsystems

*Compliancemanagement **darf** sich aufgrund des Legalitätsprinzips nicht nur auf einzelne Themenfelder oder Rechtsgebiete, sondern muss sich auf alle darunterfallenden Anforderungen beziehen.*

*Natürlich kann bei der Einführung zunächst mit einzelnen Themen begonnen werden. Dass dies in den übrigen Bereichen nicht von der Legalitätspflicht befreit, **muss** klargestellt werden. Die Konzeptionierung sollte jedoch von Anfang an unternehmensweit und umfassend angelegt sein.*

Außerdem darf es auch bzgl. der relevanten Rechtsthemen im Rahmen des Legalitätsprinzips keine Bereichsausnahmen geben.

Die Produkte / (Dienst-)Leistungen, die das Unternehmen erstellt und damit vom Compliance-Managementsystem erfasst werden, sollten in einem **„Leistungs-/Produkt-Katalog“** aufgelistet werden.

3.4 Politik/Grundsätze des Compliance-Managementsystems

*Entscheidungsspielraum besteht z.B. bei der Frage, ob Compliancemanagement als „Insel-Managementsystem“ implementiert oder in ein (bereits vorhandenes) System integriert (IMS) wird. Jedoch **müssen** auch bei einer „Insel-Lösung“ zwingend die Schnittstellen zu den anderen (Prozess-) Themenfeldern beachtet werden.*

Ob Compliancemanagement zentral oder dezentral implementiert wird, ist ebenfalls Ermessenssache und damit in der „Politik“ zu regeln.

Auch ist regelbar, ob das Unternehmen mit Management und Mitarbeitern lediglich dem „Anerkannten Stand von Wissenschaft und Praxis“ bzgl. des Compliancemanagements entsprechen wollen (weniger wäre nicht erlaubt) oder „best in class“ oder auf „höchstem Reifegrad“ unter Berücksichtigung des neuesten Standes der Wissenschaft zu sein wünschen.

3.5 Organisation des Compliance-Managementsystems: Verantwortlichkeiten (Pflichten) und Befugnisse / Inhalte in Stellenbeschreibungen / erforderliche Kompetenzen (persönliche und fachliche Anforderungen) / Schnittstellen

3.5.1 Top-Management

Die gesetzlichen Vertreter, Top Management und sonstigen Verantwortlichen ***müssen*** *besondere Vorbildfunktion in Bezug auf das „Leben" des Compliance-Managementsystems zeigen, vgl. auch oben Pkt. 3.1.*

Hier ***müssen*** *auch grundlegende Kompetenzen vorhanden sein, um rechtssicher delegieren zu können. Die einschlägigen Tools und Methoden* ***müssen*** *bekannt sein und sachgerechte Anwendung finden.*

3.5.2 (Interner / Externer) Beauftragter für Compliancemanagement

Hier herrscht in der Praxis – oft verwirrende – Vielfalt bzgl. Aufgabenbereich / Verantwortung und Abgrenzung der diversen Bezeichnungen wie „Beauftragter" oder „Verantwortlicher" für Compliancemanagement, „Compliance-Officer", „Compliance-Manager", etc. Eine Legaldefinition gibt es hier (noch) nicht. Nachfolgend wird von „Compliancemanagement-Beauftragter" gesprochen.

Auf den Compliancemanagement-Beauftragten kommen besondere Aufgaben zu:

Er hat das Thema Compliance-Management(system) in Abstimmung mit der Geschäftsführung zu planen, Ziele zu setzen, zu kommunizieren und zu steuern, zu delegieren und zu überwachen. Er nimmt eine Schnittstellen- und Beratungsfunktion für Compliance-Managementthemen zu allen weiteren Themenbereichen des Unternehmens sowie zur Unternehmensleitung wahr.

Der Compliancemanagement-Beauftragte ist nicht alleine für die Umsetzung und das Leben der Compliancemanagement-Anforderungen in den diversen Unternehmensbereichen verantwortlich, da diese Aufgabe vielmehr dem einzelnen

Mitarbeiter in seinem jeweiligen Pflichten- und Verantwortungsbereich und im Rahmen der Überwachung dessen Vorgesetzten zukommt.

Falls ein Compliancemanagement-Beauftragter eingesetzt wird, **muss** *er von der Unternehmensleitung mit den notwendigen Befugnissen und Ressourcen ausgestattet werden und über die erforderlichen Kompetenzen verfügen.*

Die Funktion kann auch von kompetenten Externen („Externer Compliancemanagement-Beauftragter“) wahrgenommen werden (vgl. 3.5.6).

3.5.3 Compliancemanagement-Komitee

Sofern kein Compliancemanagement-Beauftragter vorgesehen ist (oder auch zusätzlich), kann für die Wahrnehmung entsprechender Aufgaben ein Compliancemanagement -Komitee, das Mitarbeiter aus verschiedenen (Prozess-) Themenbereichen enthält, eingerichtet werden. Hierdurch wird eine interdisziplinäre Sichtweise und Schnittstellenmanagement gefördert.

3.5.4 Vorgesetzte

Die Vorgesetzten in den diversen (Prozess-) Themenbereichen **müssen** *u.a. Compliancemanagement-Verantwortung in ihrem jeweiligen Verantwortungsbereich übernehmen, die in den entsprechenden Stellen- und Arbeitsplatzbeschreibungen festgehalten werden sollte.*

Auch hier **muss** *darauf geachtet werden, dass die erforderlichen Kompetenzen vorliegen, da sonst nicht rechtssicher von der Geschäftsleitung auf diese vorgesetzten Mitarbeiter delegiert werden kann. Dies erfordert u.U. entsprechende Schulungen unter Berücksichtigung von externen / internen Veränderungen.*

3.5.5 Sonstige Mitarbeiter

Jeder Mitarbeiter ist in seinem Verantwortungsbereich auch zugleich „Compliance-Manager“ bzw. „Compliance-Risk-Owner“, d.h., er **muss** *sich pflichtgemäß in seinem Verantwortungsbereich verhalten. Dies* **muss** *von den Vorgesetzten kommuniziert und überwacht werden.*

Auch dies sollte in den jeweiligen Stellenbeschreibungen (Schnittstellen-Verantwortung) und Zielvereinbarungsgesprächen sowie Beurteilungen (auch u.U. im Rahmen des Anreiz- und Sanktionssystems) Einfluss finden.

3.5.6 Outsourcing von Compliancemanagement-Funktionen

*Das Unternehmen kann sich auch dafür entscheiden, **bestimmte Compliance-Managementtätigkeiten und -funktionen im Rahmen einer (rechtssicheren) Delegation auf Unternehmensexterne zu delegieren (Outsourcing).***

3.5.6.1 Externer Compliancemanagement-Berater

Für das Unternehmen, insbesondere für Compliancemanagement-Verantwortliche, wie Geschäftsleitung / Aufsichtsgremien, Compliance-Beauftragte oder -komitee, sollte ein fachlich und persönlich versierter Compliancemanagement-Berater zur Verfügung stehen, der Unternehmen, Verantwortliche und Beauftragte auf relevante Compliancemanagement-Themen und (Rechts-) Änderungen hinweist.

Ansonsten muss diese Kompetenz unternehmensintern vorhanden und aktiv sein.

3.5.6.2 Externer Compliancemanagement-Ombudsmann oder Hinweisgebersystem

Durch Einrichtung eines Ombudsmann- oder Hinweisgeber-Systems oder einer ähnlichen Institution sollte intern oder auch Externen die Möglichkeit gegeben werden, unter Sicherstellung der Wahrung gewünschter Anonymität, Fragen zu Compliance-Themen („help-desk-Funktion") zu stellen oder Hinweise auf drohende oder begangene Pflichtverstöße geben zu können.

Hier spielt der berufsrechtliche Geheimnisschutz und Beschlagnahme- bzw. Verwertungsverbote bei Ombudsmann oder Hinweisgeberstelle zur effektiven und rechtlich abgesicherten Wahrung der Anonymität der Hinweisgeber eine wichtige Rolle.

3.6 Kultur und Awareness des Compliance-Managementsystems

Die Geschäftsleitung und das Aufsichtsgremium ***müssen*** *dafür sorgen, dass im Unternehmen eine positive Compliancemanagement-Kultur herrscht, die vor allem auch von den Führungskräften vorgelebt wird.*

Entscheidend sind hierfür die gelebten und dokumentierten Unternehmenswerte, Verhaltensgrundsätze und das Verhalten im täglichen strategischen und operativen Geschäft.

3.7 Kommunikation des Compliance-Managementsystems

Die Ziele und Bestandteile sowie sonstige relevante Informationen für „interessierte Parteien" des Compliance-Managementsystems ***müssen*** *unternehmensintern und auch extern gegenüber Geschäftspartnern und sonstigen Stakeholdern angemessen kommuniziert werden.*

3.8 Dokumentation des Compliance-Managementsystems

Die Dokumentation des Compliance-Management*systems* ***muss*** *rechtlichen Anforderungen entsprechen und richtet sich nach den grundsätzlichen Vorgaben der Unternehmensdokumentation, vgl. oben Pkt. 2.2.5.*

3.8.1 Allgemeine Dokumentationsanforderungen

Alle wesentlichen Bestandteile des Compliance-Managementsystems sind grundsätzlich rechtssicher zu dokumentieren und zu archivieren.

3.8.2 Handbuch

*Das **Compliancemanagement-Handbuch** (in ISO 9001:2015 nicht mehr zwingend vorgeschrieben) sollte dem Compliancemanagement-Beauftragten und seinen Mitarbeitern Hilfestellung geben.*

*Je nach **Adressatenkreis,** der vom Handbuch angesprochen werden soll, ist auf dessen **Verständlichkeit** zu achten.*

3.9 Ressourcen des Compliance-Managementsystems

*Die Geschäftsleitung **muss** die Ressourcen, die für ein angemessenes, gelebtes Compliance-Managementsystem erforderlich sind, zur Verfügung stellen.*

3.9.1 Personell

*Bezüglich der personellen Ressourcen **muss** für angemessene Quantität und Qualität sowohl in fachlicher sowie persönlicher Hinsicht gesorgt werden.*

Schulungen und Coachings spielen hierbei eine wesentliche qualifizierende Rolle.

Ziel der Schulungen ist eine angemessene Compliancemanagement-Kompetenz bei Management und Mitarbeitern (positive Einstellung), um pflichtgemäßes Verhalten zu erreichen.

Bzgl. der Thematik „Einstellung / Einstellungsänderung" zu pflichtgemäßen, complianceorientierten Verhalten ist auf die Komponentenfolge „Transparenz von Zielen / Anforderungen", „Wissen, Verstehen, Können (kognitives Element)", „Wollen (emotionales Element)" als input und „zielorientiertes Handeln / Erfüllung der Anforderungen" als output zu achten.

In Hinblick auf Compliance-Kompetenzen im Unternehmen sollte eine „Wissensbilanz" vorgehalten werden. Diese enthält u.a. die Darstellung von erforderlichen und vorhandenen Wissen und Fertigkeiten im Unternehmen, bei Management, Mitarbeitern und externen Leistungserbringern (z.B. in der Lieferkette oder bei Outsourcing).

Dabei sollte auch betrachtet werden, welches zukünftige Wissen erforderlich sein wird und wie dieses frühzeitig genug aufgebaut werden kann.

3.9.2 Finanziell

*Die für das Compliance-Managementsystem erforderlichen finanziellen Ressourcen **müssen** eingeplant und zur Verfügung gestellt werden.*

3.9.3 Logistisch

*Die erforderlichen angemessenen logistischen Ressourcen, wie entsprechende Arbeitsräumlichkeiten oder Werkzeuge, wie EDV-Tools, **müssen** vorgehalten werden.*

3.10 Anreiz- und Sanktionensystem in Hinblick auf Compliancemanagement

In Hinblick auf Compliancemanagement sollte ein Anreiz- und Sanktionensystem (vgl. 4.2.3) entweder eingeführt oder erweitert werden.

3.11 IT-Unterstützung des Compliance-Managementsystems

Den verantwortlichen Mitarbeitern sollten - soweit erforderlich - entsprechende IT-basierte Werkzeuge zur erfolgreichen Bewältigung ihrer Aufgaben zur Verfügung gestellt werden. Schulungen zur Sicherstellung der Kompetenz zum richtigen Umgang mit diesen Hilfen gehören dazu.

3.12 Überwachung und Bewertung (Performance Evaluation) des Compliance-Managementsystems

*Das Compliance-Managementsystem **muss** regelmäßig angemessen überwacht und bewertet werden. Bei Bedarf **müssen** Steuerungsmaßnahmen durchgeführt werden.*

3.12.1 Überwachung (Monitoring), Messung, Analyse und Bewertung

*Reifegrad, Effektivität (Zielerreichung) und Effizienz (Wirtschaftlichkeit) des Compliance-Managementsystems **müssen** kontinuierlich analysiert, bewertet und von den verantwortlichen Stellen beobachtet werden. Dazu gehört das Sammeln und Auswerten relevanter Informationen und die Entwicklung und Implementierung von **(wertorientierten) Kennzahlen**, die helfen, die Objekte der **„Überwachung" messen** zu können.*

*Hierzu gehört auch die Berücksichtigung von **kontinuierlich neu entstehenden internen und externen Anforderungen** an das Compliance-Managementsystem*

3.12.2 Internes Audit

Ein internes Audit („first party audit") durch fachlich und persönlich versierte Compliancemanagement-Spezialisten kann Schwachstellen im System aufzeigen und Verbesserungsempfehlungen geben.

3.12.3 Management-Review (Management Bewertung)

*Im Rahmen eines regelmäßig stattfindenden Management-Reviews (Bewertung des Compliance-Managementsystems durch das Management) **müssen** Reifegrad inklusive Angemessenheit und Wirksamkeit des Compliance-Managementsystems durch das Top-Management bewertet werden. Dabei sollte auch Stellung zu der Frage genommen werden, ob und wie das Top-Management der ihm diesbezüglich zukommenden Verantwortung gerecht geworden ist.*

3.12.4 System-Review (System-Bewertung)

Bei der System-Bewertung ***muss*** *geklärt werden, ob das System grundsätzlich und unter Berücksichtigung von Veränderungen in Unternehmen und Umfeld (noch) angemessen (geeignet, die damit verfolgten Ziele zu erreichen) und effektiv ist.*[33]

3.12.5 Reifegradmessung

Die Überprüfung (performance evaluation) bzw. Reifegrad- bzw. auch Wertbeitragsmessung (vgl. oben Pkt. 3.2) erbringt Hinweise, ob das Compliance-Managementsystem wesentliche Mängel aufweist, die die Erreichung der Ziele des Compliance-Managementsystems gefährden und die zur Versagung eines zufriedenstellenden Prüfvermerks / Testat / Auditergebnisses führen würden.

Üblicherweise werden Reifegrade in Stufen von 1 („sehr gering“) bis 5 („sehr hoch“) abgestuft.

[33] Vgl. das *Compliance*-Urteil des *LG München I* vom 10.12. 2013 – Az. 5 HK O 1387/10 (Anlage 5).

3.12.6 Externes Zertifizierungs-Audit

Das Audit soll, entsprechend dem Auftragsinhalt, Aussagen zur Konzeptionierung oder Angemessenheit, Implementierung bzw. Wirksamkeit abgeben. Das Audit stellt eine Systemprüfung dar und zielt nicht auf das Verhindern oder Aufdecken von einzelnen Pflichtverstößen oder das Erlangen von Erkenntnissen über die tatsächliche, konsequente Einhaltung von Regeln ab. Diese Überwachungsverantwortung bleibt selbst bei entsprechender Delegation bei der Geschäftsleitung (und ggf. Aufsichtsrat) und u. U. etwaigen Beauftragten für das Compliance-Managementsystem.

Implementierungs-Audit

Ein Compliance-Managementsystem ist nach IDW PS 980:2011 angemessen, „wenn es geeignet ist, mit hinreichender Sicherheit sowohl Risiken für wesentliche Regelverstöße rechtzeitig zu erkennen als auch solche Regelverstöße zu verhindern. Außerdem [... und], dass bereits eingetretene Verstöße zeitnah an die zuständige Stelle im Unternehmen zu berichten sind, damit die notwendigen Konsequenzen für eine Verbesserung getroffen werden."

Das Compliance-Managementsystem ist implementiert, wenn die Aufbau- (Organigramme, Stellenbeschreibungen, etc.) und Ablauforganisation (Prozessabläufe, Delegationen, Interaktionen, etc.) mit den relevanten notwendigen Komponenten und Ressourcen aus dem Bereich Compliancemanagement angemessen angereichert (dokumentiert und „in Kraft gesetzt") wurden.

Wirksamkeits-Audit

Die Wirksamkeit des Compliance-Managementsystems liegt vor, wenn relevante Compliance-Anforderungen (in Aufbau – und Ablauforganisation) inklusive intern oder extern delegierter Abläufe von den davon Betroffenen / Verantwortlichen angemessen verstanden, zu erreichen gewollt und erfüllt werden.

Compliance-Managementsystem-Beschreibung

Bei der Compliance-Managementsystem-Beschreibung[34] des zu auditierenden Unternehmens ist zu beachten, dass sie den Ist-Zustand zutreffend wiedergibt und nicht lediglich den (angestrebten) Soll-Zustand – mit den dazugehörigen Komponenten (Ziele und Anforderungen, Verantwortungen, Maßnahmen, Prozessabläufe, Ressourcen, etc.) – beschreibt. Erst nach Erreichung eines angemessenen Reifegrades decken sich Ist-Zustand bzw. System-Beschreibung und (angemessener) Soll-Zustand bzw. Konzeptionierung.

3.13 Business Continuity bzgl. des Compliance-Managementsystems

Bzgl. des Compliance-Managementsystems ***muss*** *auf ein Notfall-, Krisen- und Kontinuitätsmanagement geachtet werden.[35] Dabei sind wesentliche, für die Aufrechterhaltung des Compliance-Managementsystems unverzichtbare Prozessabläufe, Funktionen, Ressourcen, etc. zu ermitteln („Business-Impact-Analyse – BIA“) und deren Kontinuität abzusichern. Neben Notfall-, Krisen- und Kontinuitätsunterbrechungsprophylaxe und früherkennung in Hinblick auf das Compliance-Managementsystem sind auch Notfallpläne vorzuhalten.*

[34] Vgl. IDW PS 980:2011: 6 Anwendungshinweise und Erläuterungen / Begriffsbestimmungen [Tz. 5 ff.] A8.

[35] Vgl. auch den Standard ISO 22301:2012 (Business Continuity-Managementsystem).

4. Kernbereich des Compliance-Managementsystems (Compliancemanagement-Programm) („Block 4“)

Neben der Einrichtung spezieller Prozesse / Themen, die nur im Bereich „Compliance“ vorkommen (z.B. Richtlinien-Management, Hinweisgebersystem, Internal Investigation, etc.), **besteht die Hauptfunktion** von Compliancemanagement **in der Anreicherung anderer Prozess-Themenfelder** (Organisation, Personal, Finanzen, Einkauf, Produktion, Vertrieb, etc.) **mit Compliance-Komponenten** / Prozessschritten, um rechtskonforme Abläufe sicherzustellen.

4.1 Identifikation und Bewertung von Zielen, Anforderungen und Handlungsbedarf für Maßnahmen zur Erreichung der Ziele des Compliance-Managementsystems

Zunächst ***müssen*** *eruiert / identifiziert und bewertet werden:*

- *Die diversen unternehmensspezifisch einschlägigen, relevanten und erheblichen Compliance-Managementsystem-Ziele (vgl. oben 3.2), Anforderungen und Regelungen sowie*
- *der Handlungsbedarf für Maßnahmen aufgrund der aktuell (und in naher Zukunft) existierenden Anforderungen, um die Ziele des Compliance-Managementsystems zu erreichen.*

Compliance-Anforderungen in Aufbau- und Ablauforganisation, bei Management und Mitarbeitern ***müssen*** *identifiziert und bewertet werden. Diese können sich – nicht abschließend – ergeben aus Gesetzen, Verordnungen, Rechtsprechung, Lizenzen, behördlichen Auflagen, Urteilen, Abkommen, verpflichtenden Standards, Verträgen (z. B. mit Kunden oder Mitarbeitern) sowie sonstigen Verpflichtungen. Auch aus der allgemeinen Pflicht, bei unternehmerischer Betätigung zumindest den „Anerkannten Stand von Wissenschaft und Praxis“ zu beachten, ergeben sich diverse Anforderungen an eingesetzte Tools und Methoden sowie Prozessabläufe.*

4.1.1 Identifikation und Bewertung von Compliancemanagement-*Zielen*, -*Anforderungen* und Regelungen in den jeweiligen Unternehmensbereichen

Anforderungen an Produkte, Leistungen, Prozesse, Systeme…

Ein Produkt, eine (Dienst-)Leistung, ein Prozessablauf, eine Unternehmensabteilung, ein Managementsystem, das Entscheiden und Handeln von Management und Mitarbeitern, etc. ***muss*** *die in folgendem Schaubild dargestellten Anforderungen erfüllen, um einen hohen Reifegrad und zugleich einen hohen Pflichterfüllungsgrad aufzuweisen:*

Anforderung:	***Folge bei Fehlern:***
✓ ***Effektiv (Ziel wird erreicht)***	***Unmöglichkeit (§§)***
✓ ***Qualitativ***	***Mängelhaftung (§§)***
✓ ***Fristgerecht***	***Verzug (§§)***
✓ ***Sicher***	***Nebenpflichtverletzung § 823 BGB, § 280 BGB (§§)***
✓ ***Rechtssicher (compliant)***	***Vielfältige Sanktionen (§§)***
✓ ***Dem „Anerkannten Stand von Wissenschaft und Praxis“ (Standards) entsprechend***	***Mängelhaftung / Sonstige Haftung bei Schäden / Beweislastumkehr (§§)***
✓ ***Effizient (wirtschaftlich)***	***Liquiditätsprobleme / Ergebnisprobleme (§§)*** ***(Haftung für finanzielle Einbußen, Krisen- und Insolvenzverursachung, etc.)***
✓ ***Gewissenhaft***	***Fehlende Gewissenhaftigkeit der Geschäftsführung*** ***§ 43 GmbHG, § 93 AktG.: Pflichtverstoß und persönliche Haftung (§§)***

Abbildung 5: Anforderungen an Produkte, Leistungen, Prozesse, Systeme, etc.

Prozessabläufe nach *„Anerkanntem Stand von Wissenschaft und Praxis“*

*Hier **muss** eine nach Unternehmensbereichen / (Prozess-) Themenfeldern sortierte Prozesslandkarte bzw. „Prozess-Matrix“ erstellt werden, die dokumentiert, dass die für das jeweilige Unternehmen erforderlichen Prozesse vorhanden sind. Diese Prozesse wiederum **müssen** so angereichert werden, dass sie die Erfüllung diverser Compliancemanagement-Anforderungen und die Erreichung der Compliancemanagement-Prozessziele gewährleisten.*

4.1.2 Identifikation und Bewertung von *Handlungsbedarf für Maßnahmen* aus den eruierten Anforderungen zur Erreichung der Ziele des Compliance-Managementsystems

*Durch Soll-Ist-Vergleich, Gap-Analyse, Bewertung (Scoring) und Priorisierung **muss** der Handlungsbedarf (ad hoc und kontinuierlich) ermittelt und über die Abarbeitung entschieden sowie diese projektiert und umgesetzt werden.*

4.2 Allgemeine Prophylaxe- und Reaktionsmaßnahmen

4.2.1 Erlass von fehlenden oder ergänzenden Regelungen / Anforderungen (unter Berücksichtigung von Veränderungen) und Schaffung angemessener Rahmenbedingungen

*Es **müssen** erforderliche Rahmenbedingungen vorhanden sein bzw. geschaffen werden:*

Dazu gehören ggf. ergänzende Regelungen: Z.B. kann unternehmensintern ein „Code of Conduct“ (Verhaltensregelungen) erlassen werden, falls im Unternehmen noch nicht (u.U. auch in anderer Form: Leitbild / Politik / „Tone from / at the top“, „Code of Ethics“, etc.) vorhanden. Entscheidend ist der Inhalt, nicht die Bezeichnung: Einige Unternehmen regeln darin spezifisch und dezidiert Compliance-Vorgaben, z.B. bis zu welcher Wertgrenze Geschenke angenommen werden dürfen, andere stellen ihre grundsätzlichen Aussagen zu Governance / Risk / Compliance / Qualitätsmanagement / etc. dar.

Auch die Neuerstellung von Prozessabläufen aus dem Bereich „Risiko- und Compliance-management“ (z.B. ein Compliance-Risikomanagement-Prozess) oder Anreicherung bereits bestehender Prozessabläufe (z.B. in Einkauf / Vertrieb / Finanzen / etc.) um Komponenten zur Erfüllung von z.B. Risiko- und Compliance-management-Anforderungen gehört hierher.

Ebenso gehört zu den erforderlichen Rahmenbedingungen, dass Arbeitsumgebung, Material und Werkzeuge, Infrastruktur und kompetentes Personal in angemessener Quantität und Qualität zur Verfügung stehen, um die Ziele des Compliance-Managementsystems zu erreichen.

4.2.2 Installation des Compliance-Risiko-Management-Prozesses (CRP) mit „lines of defense“-Modell

Der Compliance-Risiko-Management-Prozess muss implementiert und wirksam sein und umfasst das Erkennen, Bewerten und Steuern von Gefahren und Chancen (Risiken), die für das Erreichen der Compliancemanagement-Ziele eine Unsicherheit darstellen. Dadurch soll die Zielerreichung abgesichert werden.

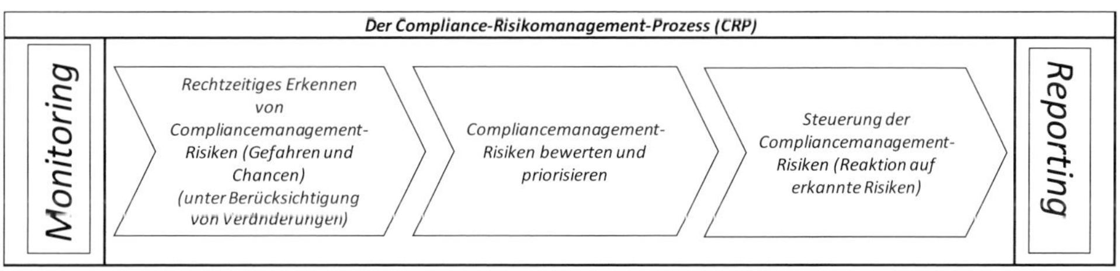

Abbildung 6: Der Compliance-Risikomanagement-Prozess (CRP).

CRP 1: (Rechtzeitiges) Erkennen von Compliancemanagement – Risiken (Gefahren und Chancen) (unter Berücksichtigung von Veränderungen) (Riskassessment)

Mithilfe eines Riskassessment (z.B. nach ISO 31010) ***müssen*** *Compliancemanagement-Risiken ermittelt, bzgl. möglicher Ursachen und Auswirkungen beschrieben, etc. werden. Risiken aus künftigen Entwicklungen sind über ein „Risks-of-changes-Management“[36] zu eruieren.*

CRP 2: Compliancemanagement-Risiken bewerten und priorisieren

Synopse

Bzgl. der Compliancemanagement-Risikobewertung gibt es zahlreiche qualitative und quantitative Methoden bis hin zu Bandbreitensimulation. Beim Einsatz von komplexen Methoden ist auf professionelle Anwendung und zusätzlich auf den gesunden Menschenverstand zu achten!

CRP 3: Steuerung der Compliancemanagement-Risiken (Reaktion auf erkannte Risiken)

Synopse

Die Sicherstellung des pflichtgemäßen Verhaltens (Steuerung) ***muss*** *erfolgen:*

- *durch Auflistung der Steuerungsmaßnahmen mit Zielvorgaben, Planung und Projektierung (Plan)*

Zu den Steuerungsmaßnahmen gehören

- *CRP 3.1 die Installation von Prophylaxemaßnahmen und Compliance-Risiko-Früherkennung sowie*
- *CRP 3.2 ein Reaktionssystem für erkannte Risiken (vgl. hierzu die nächste Abbildung)*
- *durch Sicherstellung der Durchführung der beschlossenen Maßnahmen (Do) (Aufgaben / Projektmanagement)*
- *durch Abweichungscontrolling (Feststellung von Abweichungen und Korrekturmaßnahmen) (Check / Act) („Compliance-Steuerungs- und Überwachungssystem-ISÜS“) und angemessene Reaktion*

[36] Vgl. *Scherer,* Good Governance und ganzheitliches strategisches und operatives Management: Die Anreicherung des „unternehmerischen Bauchgefühls“ mit Risiko-, Chancen- und Compliancemanagement, in: Corporate Compliance Zeitschrift (CCZ), 6/2012, S. 201 – 211.

CRP 3.1: Steuerung: Installation von Prophylaxemaßnahmen zur Vermeidung und Früherkennung von Compliancemanagement-Verstößen: „Lines of defense“

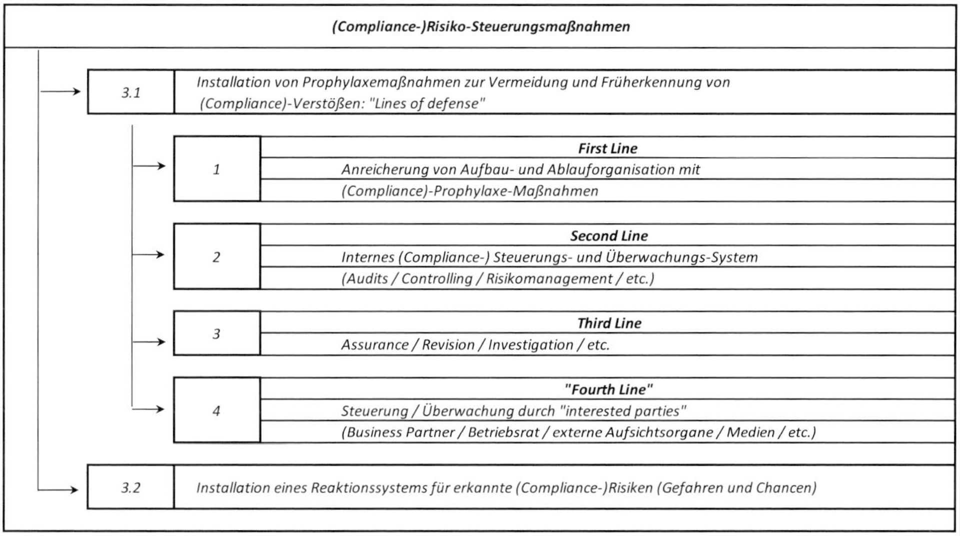

Abbildung 7: (Compliance-) RIsiko-Steuerungsmaßnahmen.

4.2.3 Installation eines Compliancemanagement Zielabweichungs- *(Verstoß)*- Erkennungs- und Reaktions-Prozesses

*Bei Bestätigung eines Verstoßes **muss** über Sanktion entschieden werden und sonstige Maßnahmen (Ursachenanalyse, -beseitigung, Verbesserungsmaßnahmen) sind durchzuführen.*

*Zahl und Ausmaß sowie der Eintritt von Wiederholungen ähnlicher Verstöße kann ein signifikanter Hinweis sein, dass das Compliance Managementsystem nicht effektiv ist! In diesem Fall **müssen** unverzüglich angemessene Steuerungsmaßnahmen eingeleitet werden.*

4.3 Spezielle Themen im Bereich Compliancemanagement: Anreicherung der diversen Prozesse des Unternehmens (Führungs-, Kern- und Unterstützungsprozesse) mit Compliance-Anforderungen und -Maßnahmen

„Querschnittsrechtsgebiete“ (Q):

Manche Rechtsgebiete finden sich in sehr vielen Unternehmensbereichen / Prozess-Themenbereichen in unterschiedlicher Ausprägung immer wieder. Die hier im Folgenden dargestellten **„Querschnitts-Rechtsgebiete“** müssen also stets **bei *jedem* Unternehmensbereich** mitberücksichtigt werden, **auch wenn diese nicht extra benannt sind** oder keine ausdrücklichen Anforderungen für das jeweilige Rechtsgebiet formuliert wurden.

Beispiel: Nahezu in jedem Unternehmensbereich agieren Mitarbeiter. Auf diese findet das Arbeitsrecht, das Arbeitsschutz-, Arbeitsstraf- und Arbeitssicherheitsrecht Anwendung. Darum kümmert sich häufig *eine* zentrale Funktion, z.B. die Personalabteilung.

Bezüglich dieser „Querschnittrechtsgebiete“ sollte jeder Hauptprozess-Eigner / Abteilungsleiter / Geschäftsführer eine Art Basis- oder Allgemeinwissen vorweisen und die Sensibilität besitzen, zu spüren, wann Sachverhalte mit Bezug zu diesen Rechtsgebieten an die Spezialisten im Unternehmen oder externe Berater (Juristen) angesteuert werden.

Außerdem können diese Themen per Matrix in der *grundsätzlichen* Verantwortung bestimmten Funktionen zugeordnet werden.

	Rechtsgebiete (alphabetisch)	Allgemeine Zuständigkeit
1	Anti-Korruption	Anti-Korruptionsbeauftragter (oder Compliance-Beauftragter)
2	Arbeitsrecht	Personalabteilung
3	Arbeitsschutz und Arbeitssicherheitsrecht	Personalabteilung / Arbeitssicherheits-Beauftragter
4	Außenwirtschaftsrecht	Zoll-Beauftragter (oder Finanzabteilung)
5	Bank- und Finanzrecht	Finanzabteilung
6	Börsen- und Kapitalmarktrecht	Finanzabteilung
7	Gewerblicher Rechtsschutz / Intellectual Property (Marken, Urheberrecht)	Rechtsabteilung / Compliance-Beauftragter
8	Handelsrecht	Rechtsabteilung / Compliance-Beauftragter
9	IT- und Datenschutzrecht	Datenschutz-Beauftragter
10	Kartellrecht	Rechtsabteilung / Compliance-Beauftragter
11	Kreditsicherheitsrecht	Finanzabteilung
12	Krisen-,Sanierungs- und Insolvenzrecht	Finanzabteilung
13	Leistungserbringungsrecht und Leistungsstörungen (Produktion / Handel / etc.)	Rechtsabteilung / Compliance-Beauftragter
14	Managerhaftung	Rechtsabteilung / Compliance-Beauftragter
15	Organisationsrecht (Rechtssichere Organisation)	Personal- und Organisations-Entwicklung
16	Produkthaftungs- und Produktsicherheitsrecht	Rechtsabteilung / Compliance-Beauftragter
17	Sonderbeauftragtenrecht	Die jeweiligen Sonderbeauftragten
18	Sozialversicherungsrecht	Finanzabteilung / Personalabteilung
19	Steuerrecht	Finanzabteilung / Externer Steuerberater
20	Transportrecht	Rechtsabteilung / Compliance-Beauftragter
21	Umweltschutzrecht	Rechtsabteilung / Compliance-Beauftragter
22	Vertragsrecht	Rechtsabteilung / Compliance-Beauftragter
23	Wettbewerbsrecht	Rechtsabteilung / Compliance-Beauftragter
24	Zollrecht	Finanzabteilung
25	Etc.	

Folgende Matrix zeigt **beispielhaft** auf, welche *jeweiligen Rechtsgebiete* in den *jeweiligen Unternehmensbereichen* 12 (Beschaffung / Einkauf) und 14 (Marketing/Vertrieb) **speziell oder *schwerpunktmäßig* „S"** betroffen sind.

Die zusätzlich relevanten ***Querschnitts****-Rechtsgebiete sind mit „Q“ gekennzeichnet.*

Rechtliche Anforderungen in den jeweiligen Unternehmensbereichen												
		Unternehmensbereiche										
Rechtsgebiete	(alphabetisch)	12. Beschaffung / Einkauf	13. Leistungs-erbringung	14. Marketing / Vertrieb	15. IT Management	16. Berichts-wesen (Infomgt. I)	17. Wissensmgt. (Infomgt. II)	18. RW / Controlling	19. QM	20. Security / Safety	21. BCM / Re-strukturierung / Sanierung	22. Sonstige
1	Anti Korruption	S		S								
2	Arbeitsrecht	Q		Q								
3	Arbeitsschutz und Arbeitssicherheitsrecht	Q		Q								
4	Außenwirtschaftsrecht	S		S								
5	Bank- und Finanzrecht											
6	Börsen- und Kapitalmarktrecht											
7	Gewerblicher Rechtsschutz / Intellectual Property (Marken, Urheberrecht)			S								
8	Handelsrecht	S		S								
9	IT- und Datenschutzrecht	Q		S								
10	Kartellrecht	S		S								
11	Kreditsicherheitsrecht											
12	Krisen-,Sanierungs- und Insolvenzrecht											
13	Leistungserbringungsrecht und Leistungsstörungen (Produktion / Handel / etc.)			S								
14	Managerhaftung	Q		Q								
15	Organisationsrecht (Rechtssichere Organisation)	Q		Q								
16	Produkthaftungs- und Produktsicherheitsrecht	S		S								
17	Sonderbeauftragtenrecht			Q								
18	Sozialversicherungsrecht	Q		Q								
19	Steuerrecht	S		S								
20	Transportrecht	S		S								
21	Umweltschutzrecht			S								
22	Vertragsrecht	S		S								
23	Wettbewerbsrecht			S								
24	Zollrecht	S		S								
25	Etc.											

Abbildung 8: Rechtliche Anforderungen in den jeweiligen Unternehmensbereichen am Beispiel Einkauf und Vertrieb.

Auf Grundlage dieser Matrix können die Verantwortlichen der jeweiligen Unternehmensbereiche (z.B. Vertrieb oder Einkauf) gezielt geschult werden (es muss nicht jeder Jura studiert haben, um in seinem Bereich auch rechtlich sicher zu agieren!).

Noch besser wäre die Integration von Compliance-Anforderungen in Prozessabläufe und entsprechende prozessorientierte Schulung (vgl. oben 4.1.1 und zugleich nachfolgend).

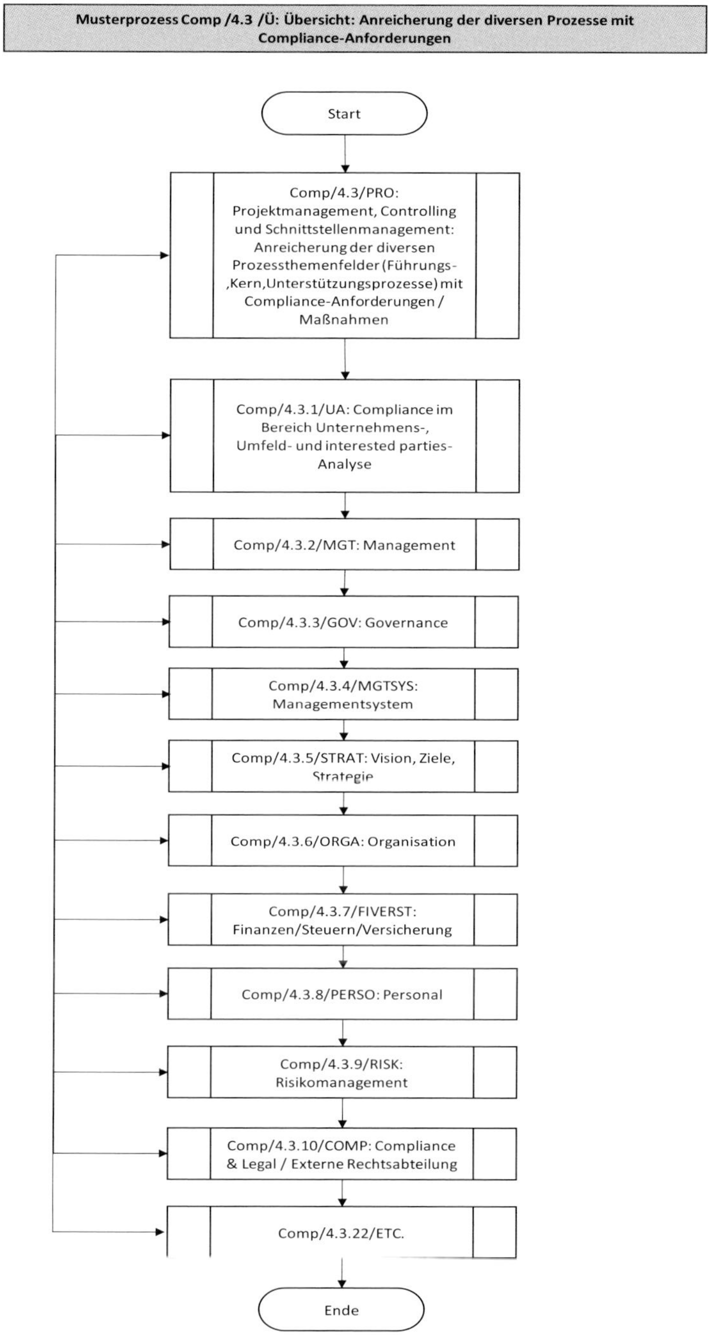

Abbildung 9: Musterprozess Comp / 4.3 / Ü: Übersicht: Anreicherung der diversen Prozesse mit Compliance-Anforderungen.

Hinweis:

Zur Vertiefung vgl. das e-book Scherer/Fruth (Hrsg.), Integriertes Compliance-Managementsystem mit GRC, 2.Auflage, 2017 mit zahlreichen Erklärungen, Mustern, Grafiken, Checklisten, etc.

Autorenprofile

Prof. Dr. jur. Josef Scherer

Rechtsanwalt

Gründer und Leiter des Internationalen Instituts für Governance, Management, Risk- und Compliancemanagement der Technischen Hochschule Deggendorf THD

Rechtsanwalt Prof. Dr. Josef Scherer ist seit 1996 Professor für Unternehmensrecht (Compliance), insbesondere Risiko- und Krisenmanagement, Sanierungs- und Insolvenzrecht an der Technischen Hochschule Deggendorf. Zuvor arbeitete er als Staatsanwalt an diversen Landgerichten und Richter am Landgericht in einer Zivilkammer.

Neben seiner Tätigkeit als Seniorpartner der Kanzlei Prof. Dr. Scherer, Dr. Rieger & Partner erstellt er wissenschaftliche Rechtsgutachten und agiert als Richter in Schiedsgerichtsverfahren. Von 2001 - 2015 arbeitete er auch als Insolvenzverwalter in verschiedenen Amtsgerichtsbezirken.

Prof. Dr. Scherer fungiert in diversen Unternehmen / Körperschaften als Compliance-Ombudsmann sowie externer Compliancebeauftragter und ist gesuchter Referent bei Managementschulungen in namhaften Unternehmen sowie im Weiterbildungsprogramm des Senders BR-alpha.

In Kooperation mit TÜV konzipierte er als Studiengangsleiter und Referent den akkreditierten berufsbegleitenden Masterstudiengang Risikomanagement und Compliancemanagement an der Technischen Hochschule Deggendorf und ist als externer Gutachter bei der (System-)Akkreditierung von Weiterbildungsstudiengängen tätig.

Seit 2012 leitet er als Vorstand des Direktoriums das Internationale Institut für Governance, Management, Risk- und Compliancemanagement der Technischen Hochschule Deggendorf als Kompetenzzentrum. Außerdem ist er seit 2015 Mitglied des Beirates des Instituts für Risikomanagement und Regulierung (FIRM), Frankfurt (www.firm.fm) und seit 2016 Mitglied des DIN-Normenausschusses Dienstleistungen (Arbeitsausschuss Personalmanagement NA 159-01-19AA) zur

Erarbeitung von ISO/DIN-Standards im Personalmanagement und seit 2017 Mitglied der Delegation ISO TC 309 Governance of organizations (Arbeitsausschuss Compliance NA 175-00-01-AA zur Erarbeitung von ISO/DIN-Standards im Bereich Unternehmensführung und -überwachung (Corporate Governance)). Ebenso seit 2016: Fachlicher Leiter der „User Group Compliance" der Energieforen Leipzig.

Seine Forschungs- und Tätigkeitsschwerpunkte liegen auf den Gebieten Managerhaftung, Governance-, Compliance- und Risikomanagement sowie Vertrags-, Produkthaftungs-, Sanierungs- und Insolvenzrecht.

Zahlreiche Publikationen auf den Gebieten: Managerrisiko, Governance-, Risiko-. Chancen- und Compliancemanagement, Vertragsmanagement, Arbeitsrecht und Personalmanagement, Insolvenzrecht und Sanierung, Gläubigermanagement, Produkthaftungsrecht.

Die Veröffentlichungen (auch zum kostenlosen Download) finden Sie unter dem Link http://www.scherer-rieger.de/index.php/wissenswertes/veroeffentlichungen.html

Kontakt:

josef.scherer@th-deg.de

www.gmrc.de

Richter am Amtsgericht

Klaus Fruth

studierte Jura an der Universität Passau.

Nach dem Staatsexamen arbeitete er in der Insolvenzverwaltung Professor Dr. Scherer. Anschließend war er mehrere Jahre Staatsanwalt bei den Staatsanwaltschaften in Deggendorf und Passau. Seit 2007 ist er Richter am Amtsgericht. Derzeit ist er beim Amtsgericht Freyung hauptsächlich als Strafrichter eingesetzt und dort Vorsitzender des Schöffengerichtes.

Seine Interessenschwerpunkte liegen im Bereich von Technik und Governance, Compliance, des Managerstrafrechts und des Wirtschaftsstrafrechts.

Er ist seit über 10 Jahren Lehrbeauftragter an der Technischen Hochschule Deggendorf (THD) u.a. für Governance und Compliance, Produkthaftungsrecht, Unternehmensrecht und Geschäftsführer- Compliance.

Zugleich verantwortet er an der THD im Studiengang BWL Bachelor die Durchgängigkeit eines geschlossenen Curriculums für Governance und Compliance.

Außerdem ist er Dozent u.a. für die TÜV-SÜD Akademie, sowie für die Hans-Lindner- Stiftung und im Rahmen von Inhouse-Schulungen sowie Modulverantwortlicher und Referent im berufsbegleitenden Masterstudiengang Risiko- und Compliancemanagement an der THD.

Seit 2014 übt er darüber hinaus die Funktion eines externen Compliance-Komitee-Mitglieds der THD (Zuständigkeit: Lehre) aus.

Er ist Leiter der Funktion „Praxis“ am internationalen Institut für Governance, Management, Risk & Compliance.

Zusammen mit Prof. Dr. Scherer und dem Weiterbildungsinstitut der THD konzipierte er den weiterbildenden Zertifikatslehrgang „Governance, Risk und Compliance“.

Veröffentlichungen: siehe unter dem link:

http://www.gmrc.de/index.php/portfolio-leistungen-angebot/praxis

Kontakt: klaus.fruth@t-online.de

Weitere Bücher aus der Reihe:
(Bestellungen bitte an gmrc-verlag@t-online.de)

- □ Scherer/Fruth (Hrsg.), Governance-Management – Band I, Grundsätze ordnungsgemäßer Unternehmensführung (GoU) und -überwachung (GoÜ): Grundsätze ordnungsgemäßer (Corporate) Governance (GoGov) (2014)
  – ISBN 978-3-00-048186-4 – Preis: 19,90 EUR

- □ Scherer/Fruth (Hrsg.), Governance-Management Band II (Standard & Audit) (2015)
  – ISBN 978-3-00-051342-8 – Preis: 19,90 EUR

- □ Scherer/Fruth (Hrsg.), Anlagenband zu Governance-Management Band II (Standard & Audit) (2016)
  – ISBN 978-3-00-053425-6 – Preis: 19,90 EUR

- □ Scherer/Fruth (Hrsg.), Integriertes Qualitätsmanagement und Leistungserbringungsmanagement mit Governance, Risk und Compliance (GRC) (2016)
  – ISBN 978-3-00-053640-3 – Preis: 24,90 EUR

- □ Scherer/Fruth (Hrsg.), Integriertes Personal-Managementsystem mit Governance, Risk und Compliance (GRC) (e-book) (2017)
  - ISBN 978-3-00-054442-2 – Preis 15.- EUR

- □ Scherer/Fruth (Hrsg.), Anlagenband zu Integriertes Qualitätsmanagement und Leistungserbringungsmanagement mit Governance, Risk und Compliance (GRC) (erscheint Frühjahr 2018)